经典 历史

U0675907

中国历史上著名的
军事家

李默 / 主编

广东旅游出版社
GUANGDONG TRAVEL & TOURISM PRESS
悦读书·悦旅行·悦享人生

中国·广州

图书在版编目（CIP）数据

中国历史上著名的军事家 / 李默主编 . — 广州：
广东旅游出版社 , 2013.10（2024.11 重印）
ISBN 978-7-80766-659-2

Ⅰ . ①中… Ⅱ . ①李… Ⅲ . ①军事家–生平事迹–中
国–通俗读物 Ⅳ . ① K825.2-49

中国版本图书馆 CIP 数据核字 (2013) 第 221338 号

出 版 人：刘志松
总 策 划：李 默
责任编辑：何 阳
装帧设计：盛世书香工作室　腾飞文化
责任校对：李瑞苑
责任技编：冼志良

中国历史上著名的军事家
ZHONG GUO LI SHI SHANG ZHU MING DE JUN SHI JIA

广东旅游出版社出版发行
（广东省广州市荔湾区沙面北街 71 号首、二层）
邮编：510130
电话：020-87347732（总编室）020-87348887（销售热线）
投稿邮箱：2026542779@qq.com
印刷：三河市嵩川印刷有限公司
　　　（河北省廊坊市三河市杨庄镇肖庄子村）
开本：650×920mm　16 开
字数：105 千字
印张：10
版次：2013 年 10 月第 1 版
印次：2024 年 11 月第 3 次印刷
定价：45.80 元

出版者识

　　《经典历史》是一部全景式图文并茂记录中国文明历史的大书。出版者穷数年之力，会集各方力量——专家、学者、编辑、学术顾问们，在浩如烟海的历史档案、资料、著作中，探珍问宝，追寻中华文明在悠悠历史长河中的灿烂之光。此书的出版，凝聚了编撰者的心血，学术顾问们的智慧。尤其是李学勤先生，亲自动笔写下了序言，更增加了本书沉甸甸的分量。

　　中华文明的历史充满了辉煌与苦难，成就和挫折。它的历史无处不在，决定着我们中国人今天的思想和感情。当今的中国和中国人是中华文明的历史造就的，是中华文明的历史的延伸，也是它的一个组成部分，中华文明的历史之河奔流到现在。

　　中华文明是人类历史上最伟大的文明之一，是人类文明发展的主要构成。中华文明丰富、深刻、辉煌、博大，在人类文明中的骨干作用和领导作用人所共知。在人类文明的发源时期，中国就是四大古国之一，是地球上文化的策源地之一。在人类文明的早期，中华文明成为文明在东方的支柱，公元前后200年间，人类的汉帝国与罗马帝国这两只铁手攫住了地球。在欧洲进入中世纪的时候，中华文明更成为人类文明最主要的领导，它的文明统治东亚，传遍世界。进入近代，中华文明处于自身的重压和西方的欺凌下，但中国人民的斗争史和奋起精神是人类文明历史中不可缺少的一页。

　　五千年的中华文明为人类贡献出了从思想家孔子到科学技术的四大发明，从唐诗宋词到长城运河的伟大创造；贡献出了从诸子百家到宋明理学，从商周铜器到明清文学的深刻内涵；也贡献出了从五霸七强到三国纷争、从文景之治到十大武功的辉煌历史。中华文明的历史绚烂多彩，在人类文明的历史长河中永放光芒。

　　中华文明也是人类历史上最独特的文明，没有哪一个文明像中华文明这样持久，这样统一一致。世界上其他文明不但互相交错，其创造者也都与高加索人种有关，它们是姐妹文明。在人类历史中，只有中华文明才是独特的，它的创造者是中国土地上的中国人民，与其他任何地方的人民都没有关系，它的文化是统一一致的文化，可以不依赖于其他任何文明而生存，但中华文明也绝不是封闭的，它接受他人的文化，也承担自己对于人类的责任。

　　人类进入新世纪，中国的社会经济发展令世人瞩目。人们对于世界未来的政治和经济结构的估计无不以东亚和太平洋为中心，而尤以中国为重点。

经济起飞只是当代中国的一个方面，中国的精神文明建设尤为刻不容缓。如果中国要自觉地发展中华文明，要有意识地使中国的发展具有世界意义，就必须发展强有力的精神文化，这样才能使中华文明的发展进入一个新的阶段，才能形成中国和中华文明的全面现代化。

　　而中国的精神文化的发展植根于中华文明的伟大传统之中。进入近代之后，在西方文化的冲击下，对于中国文化的价值产生了大量的情绪化和激烈冲突的论调。"五四"运动"打倒孔家店"的口号具有冲破封建束缚的时代意义，对中国文化的发展有不容否认的正面意义，与文化虚无主义是完全不同的。文化虚无主义者否定中国传统文化，在现代化的旗帜下主张全盘西化；而复古主义则沉迷于中国文化的古董，走进反进步、反科学的泥潭。

　　历史的发展则超越了所有这些论点，产生这些论调的一百多年来的中国近代史已经结束。历史要求中国发展，要求中国走在全世界发展的前列。西化论和复古论都已过时，历史已经要求世界超越西方，中国可以承担起世界的命运，而中国的现实和世界的历史都说明，中国的使命在于它的发展前进，而非倒退。

　　中华文明走出迷惘的时代，我们这一代处在一个伟大而具有挑战的历史阶段。

　　总结历史、展望未来，这就是《经典历史》的意义和使命。我们创作《经典历史》，力求总结和回顾中华文明的全貌，在内容和形式上都开创一个新的局面。在内容结构上，既具有一定的深度，又具有相当的广博性，既有严谨、准确的学术价值，又有活泼、流畅的可读性。本丛书内容纳了中华文明的各个方面，使它综合了大规模学术著作的系统性、严密性和普及读物的全面性、简易性，它既可作为大型工具书检索中华文明的各个成分，又可作为通俗的读物进行浏览。

　　我们从上世纪90年代初起就开始思考中华文明的历史和现实问题，并逐渐形成了编著《经典历史》的设想。在开展这项庞大的文化工程之始，我们就聘请了国内权威学者李学勤、罗哲文、俞伟超、曾宪通、彭卿云诸先生担任学术顾问，他们对计划作了充分讨论，并审阅了大量初稿。我们聘请了广州、香港地区的社会科学学者、大学教师、研究生以及我社编辑人员几十人担任稿件的撰写工作。

　　通过创作这部书，我们深深地感受到了中华文明的博大精深，也感受到了它的内在缺陷。中华文明具有辉煌的时期，也有苦难的年代，有它灿烂的成就，也有其不足的方面。中华文明在自身中能够吸取充分的经验和教训，就能够使自身健康壮大，成长发展。

　　通过创作这部书，我们也深深感受到了出版事业的使命和重任。我们希望这部书能受到广大读者的喜爱，起到它所应当起的作用，为中华文明的反省、前进和奋起作一点贡献。

目 录

伍子胥出奔吴国 / 001

孙治吴军·《孙子兵法》著成 / 002

孙膑围魏救赵 / 004

赵武灵王胡服骑射 / 006

燕乐毅将五国军伐齐 / 008

廉颇负荆请罪 / 010

廉颇拒秦兵于长平·赵括纸上谈

兵惨败 / 011

李牧击匈奴 / 013

蒙恬北伐匈奴 / 015

刘邦起兵于沛 / 017

巨鹿大战·项羽威震诸侯 / 018

项羽分封·自任西楚霸王 / 019

韩信暗渡陈仓 / 020

楚汉相争·彭城大战项羽大败

刘邦 / 021

韩信背水一战 / 023

项羽自刎乌江 / 024

周勃、陈平安定汉室 / 025

周亚夫平定七国之乱 / 027

飞将军李广威震匈奴 / 029

霍去病击匈奴·浑邪王降汉 / 030

李广利降匈奴 / 032

赵充国击西羌 / 032

刘縯刘秀起兵 / 033

刘秀败莽军主力于昆阳 / 034

刘秀巡河北·击王郎、铜马 / 035

刘秀称帝·定都洛阳 / 036

刘秀击破赤眉军 / 037

马援破先零羌参狼羌 / 039

班超经营西域 / 040

班超击破月氏·任西域都护 / 041

关羽奔刘备 / 042

曹袁官渡大战 / 042

曹操屯田 / 044

曹操平定关中 / 045

曹操治魏 / 046

诸葛亮严令治蜀 / 047

周瑜、鲁肃相继去世 / 048

关羽败走麦城 / 049

刘备称帝 / 050

孙权向魏称臣 / 050

孙权称帝 / 051

刘备托孤于白帝城 / 052

诸葛亮总结其军事思想 / 053

石勒称帝·建立赵国 / 055

石勒病逝·石虎摄政 / 056

晋代名将陶侃卒 / 057

石虎攻凉·出师不利 / 058

石虎死·后赵大乱 / 059

苻健建前秦 / 060

桓温北伐·进至灞上 / 061

王猛入秦佐政 / 063

桓温废立晋帝独揽大权 / 064

刘裕北伐南燕 / 065

李崇抗水 / 067

宇文泰大败高欢 / 068

冼夫人治岭南 / 069

杨素权被剥夺 / 070

李世民击刘武周 / 071

李世民发动玄武门之变登

上帝位 / 073

李靖沦兵 / 075

李世民去世 / 076

薛仁贵三箭定天山 / 077

李光弼守太原 / 078

李光弼河阳大捷 / 079

郭子仪屡平吐蕃 / 080

郭子仪去世 / 081

李泌再入朝 / 082

王仙芝黄巢起义转战天下 / 083

黄巢攻入长安即帝位 / 084

朱温降唐 / 086

黄巢退出长安 / 086

李克用助唐 / 088

黄巢兵败身亡 / 089

李克用被贬 / 090

赵匡胤杯酒释兵权 / 091

杨业兵败捐躯 / 092

杨业雁门关大捷 / 093

岳飞等平乱 / 094

岳飞开始北伐 / 095

韩世忠大破金兵 / 096

刘锜大败金兵于顺昌 / 098

岳飞被害 / 099

韩世忠、张俊、岳飞被夺兵权 / 100

辛弃疾作《美芹十论》 / 101

阿骨打建金反辽 / 104

完颜阿骨打去世 / 105

吴玠败金兵于仙人关 / 106

铁木真统一各部建立蒙古国 / 107

成吉思汗率军西征 / 108

孟珙抵抗蒙古军 / 109

窝阔台死·脱列哥那称制 / 110

忽必烈效行汉法筹建元朝 / 112

忽必烈建元·定都大都 / 113

文天祥就义 / 114

元世祖忽必烈去世 / 115

徐达远征沙漠 / 116

朱元璋制定科举 / 117

朱元璋大封功臣 / 118

开国功臣常遇春病死 / 119

徐达北征失败 / 120

开国功臣徐达去世 / 121

朱棣即帝位·创内阁制 / 122

朱棣北征·大破鞑靼 / 123

明成祖第三次北征 / 124

明成祖第四次北征 / 125

明成祖死于第五次北征 / 126

王守仁去世 / 127

努尔哈赤崛起 / 128

努尔哈赤收服各部 / 129

袁崇焕固守宁远·努尔哈赤负伤

败走 / 131

茅元仪辑《武备志》/ 132

李自成称王·大破明军 / 133

郑成功收复台湾 / 135

吴三桂杀永历帝 / 136

施琅平台湾·台湾设一府三县 / 137

三征噶尔丹 / 139

曾国藩任两江总督 / 140

李秀成攻克杭州东征西战 / 140

左宗棠创办兰州机器织呢局 / 142

袁世凯小站练兵 / 142

袁世凯镇压义和团 / 143

袁世凯威迫国会选举其为大总统 / 144

冯玉祥发动政变·孙中山北上 / 145

毛泽东领导秋收起义 / 147

蒋介石宣布北伐胜利 / 148

毛泽东发表《论持久战》/ 149

毛泽东飞抵重庆进行和平谈判 / 151

伍子胥出奔吴国

周景王二十三年（前522年），楚平王听信谗言，想杀太子建，于是将太子的老师伍奢召来并将他关押起来。太子建逃亡到宋。楚平王怕伍奢的两个儿子伍尚和伍子胥成为日后隐患，就派人召两人来，说：你们来了就可以放掉你父亲。大儿子伍尚为全孝道去了，跟父亲伍奢一起被楚王杀掉；小儿子伍子胥为报父仇出逃到宋国投奔太子建。不巧宋发生内乱，伍子胥便和太子建逃到郑。在郑三年，太子建报仇心切，参与密谋要夺郑定公的权，被郑定公发现杀了。伍子胥带着建

伍子胥像

的儿子太子胜逃奔吴。逃到吴楚交界的昭关（今安徽含山县北），关上盘查很严，因为郑王已叫人画像悬赏捉拿伍子胥，伍子胥非常发愁，传说他一夜之间愁白了头发，在好心人东皋公的帮助下混出了关。伍子胥和太子胜一路疾行，唯恐后面有追兵到来。到一条大江前，行一渔夫将伍子胥和太子胜渡过了江。伍子胥为感谢渔夫，摘下身上的宝剑相赠，说这值100金的。渔夫说楚国有令，凡抓到伍子胥都可以得到5万石粟和高官厚禄，我这都不在乎，还在乎你的剑吗？伍子胥还未到吴，在路上便病倒了，一路乞

伍子胥画像镜

讨到了吴国。吴国公子光引见伍子胥给吴王，伍子胥劝吴王伐楚，被公子光阻拦住。伍子胥见公子光想谋王位，便举荐勇士给公子光。公子光杀了吴王僚后自立为王，这就是吴王阖闾。吴王即位后，封伍子胥为大夫，又任用了将军孙武，富强国家，整顿兵马，先后兼并了附近几个小国。周敬王十四年（506年），吴王拜孙武为大将，伍子胥为副将，伐楚，一直打到郢都。伍子胥将楚平王之尸挖出，鞭尸以解父仇。

孙治吴军·《孙子兵法》著成

孙武是春秋晚期兵家，齐国人，后写《孙子兵法》而仕于吴，在他的治理下，吴国的军事力量一时强盛，吴国大军威震四方。

周敬王八年（前512年），伍员推荐孙武给吴王阖闾治兵。孙武献兵法13篇，阖闾称善。为了试验孙武所著兵法的效力，阖闾命他以兵法训练宫中美女。孙武在训练中严申军纪，斩掉两名担任队长而不听约束的吴王宠妃，宫人由此而大惧，进退跪起无不听命。阖闾由此知孙武之能用兵，便任命他帮助治理军队。

孙武像

同年，吴王欲攻楚都郢，将军孙武以为当等待。周敬王十四年（前506年），吴王问伍员、孙武可否伐楚。二人曰：楚将子常贪婪，唐、蔡都怨恨，与唐、蔡联合可以。吴王于是出师与唐、蔡共同伐楚。至汉水，楚发兵拒吴，二军夹水而阵。与楚五战五胜，追至郢，楚因此丧失了争霸力量。

由于吴国重用伍员、孙武治国强兵，国力强盛。春秋晚期，吴国的大军威震四方，西破强楚，北威齐、晋，南服越人。

孙武在兵法上提出了一整套克敌制胜的战略战术。他总结了前代军事思想的成果，对夏商以来，特别是春秋时代的战争进行研究，并以自己的独到创见将其融会贯通，形成一个思想严谨、结构合理的军事理论体系。孙武的军事思想主要包括战争观、战略理论和作战思想三个方面。

《孙子兵法》各种文本

孙武继承了先秦时期注重戎事的传统，对战争有害的方面也有清醒认识。他对战争的基本态度是重兵、慎战，重视战争而不轻易发动战争。孙武反对穷兵黩武，主张非危不战。由重兵、慎战的思想所决定，孙武主张应认真研究战争，深入了解战争，这样才能赢得战争的胜利，由此提出知兵、知战的思想，要求知己知彼、知天知地，

《孙子后法》汉简。银雀山汉墓出土的《孙子兵法》竹简（复原模型）。

在战争和作战指导上做到对敌我双方各方面情况的把握了解，这样才能百战不殆。

孙武的战略理论以国家之间的战争作为主要研究对象，以国家利益作为出发点和核心问题，以安国全军作为战争的首要目的。因此，孙武在战略上注重内因制胜、修道保法和伐谋伐交。他首先从战略角度阐述了决定战争胜负的基本因素，即所谓的"五事"：道、天、地、将、法，其中国家内政情况、军事实力和指挥官的才能是最主要的，属于内因。他进一步阐发内因制胜的理论，主张从国家自身内部进行努力，使自己在战略上立于不败之地，以待敌人出现，这样才是善战。孙武从国家利益出发，提出速战速决和取用

"孙子"石碑。这是清代著名经学家孙星衍在苏州留下的有关孙子情况的石碑。

于敌的战略指导思想。同时，孙武还特别重视运用政治和外交等非军事手段进攻、打击、削弱敌人，提出伐谋伐交、不战而胜的战略思想。

孙武的作战思想特别强调发挥人的主观能动性，在客观条件具备的情况下，充分运用人的智谋。灵活变化是孙子作战思想的灵魂，他认为兵无常势，用兵的方法也不可固定不变，必须根据战争情况的变化而变化。诡诈用兵是孙子作战思想的核心，他认为用兵作战的核心问题是以诡诈变化的手段迷惑、调动别人，达到攻其无备、出其不意的目的。

孙武在《孙子兵法》一书中，提出了一系列具有普遍指导意义的作战原则和作战方法。他的兵法思想标志着中国古代军事学的成熟。

孙膑围魏救赵

孙膑是孙武后代，生于阿（今山东阳谷东北）、鄄（今山东鄄城北）之间，曾与庞涓一起学习兵法。庞涓当上魏王的将军，但觉得自己才不如孙膑，害怕孙膑取而代之，便设计陷害孙膑。他召来孙膑，砍掉孙膑的膝盖骨，并在他脸上刺字。齐国使者至魏，孙膑以罪人之身秘密与他相见，向他进行游说。齐国使者视之为奇人，将他偷偷载到齐国。齐国将领田忌待之如宾客，孙膑亦倍感其知遇之恩。

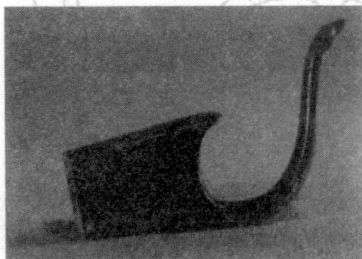
战国镶嵌云纹承弓器

田忌曾多次与齐国诸公子赌赛马，胜负参半。孙膑见他们的马足力相去不远，而分为上、中、下三等进行竞赛，便鼓动田忌下大注，并授之以制胜之道，用下等马对他们的上等马，用上等马对他们的中等马，用中等马对他们的下等马，比赛结果，田忌一负两胜，获齐王千金之赏。田忌叹服孙膑的才华，向齐威王举荐，齐威王尊之为师。

孙膑任职后，积极出谋划策，很快就为齐国夺取了"围魏救赵"之战的胜利。赵国为兼并土地和扩张势力，曾进攻卫国，迫使其入朝。卫国原来朝于魏，现在改朝赵，魏国当然不甘坐视，遂起兵伐赵，率宋、卫联军包围赵都邯郸。齐威王四年、魏惠王十七年、赵成侯二十二年（前353年），赵国向齐求救，齐国以田忌为将、孙膑为军师，率兵驰援。孙膑认为，魏国攻赵，精锐之师一定都在前线，内部必然空虚，如果率兵直捣大梁（今河南开封西北），迫使魏将庞涓回救本国，再在庞涓回兵必经途中，选择有利地形设伏，猝然出击，便可以"一举解赵之围而收弊于魏"。田忌采纳了孙膑的计谋。其时魏将庞涓领兵八万，到达茌丘（今地不详），将围攻邯郸。田忌也带八万齐军，按照孙膑之计，向南进攻处于宋卫之间的战略要地平陵（今山东邹县。一说在今河南睢县），并准备直趋大梁城郊，迫使庞涓回师自救。齐国进攻平陵的两个都大夫的军队在途中大败。孙膑派轻快战车向西直趋大梁城郊，使魏军感到震怒。孙膑又将自己的军队分散，给敌人以兵力单薄的感觉，诱使庞涓怒而轻敌，放弃辎重，用急行军兼程赶来。庞涓率军到达桂陵（今河南长垣县西北）时，孙膑率兵出其不意地袭击魏军取得大胜，并活捉庞涓。此役孙膑采用避实击虚、"攻其所必救"之法，"围魏救赵"，大破魏军，成为著名战例。

赵武灵王胡服骑射

赵武灵王雄才大略，即位之后，勤于国政，思光大先王功业，但赵国西有强秦，南有魏、韩，东有劲齐，难以发展；而东北的东胡、北面的匈奴、西北的林胡、楼烦等游牧部族，又经常以骑兵侵扰赵国，破坏边地农业生产和人民生活，迫近赵国腹心地区的中山国也曾倚恃齐国，侵夺赵国领土。赵武灵王决定趁中原地区各国互相攻伐之机，向中山国及北部游牧部族地区展开进攻，拓展领土。周赧王八年（前307年），赵武灵王率军攻取中山国的房子（今河北高邑西南）之后，向北打到无穷之门（今河北张北），又折而向西到达黄河边，考察了赵国北面的游牧部族地区，对日后向北拓展领土的作战区域及有关情况作了详细的了解。赵武灵王发现，中原地区普遍使用的车战，在北方山地和丘陵地区并不适用，胡人骑马射箭的作战技术则显示出特有的长处，胡人穿短衣、束皮带、用带钩、穿皮靴的装束，又很利于骑马作战，于是他决定进行军事改革，学习胡人骑射战术以及与之相适应的短衣装束。

为推行这项改革，他首先请来大臣楼缓商议，向他分析了赵国的周边形势，认为赵国若没有强大的兵力自救，就有亡国的危险，因此必须学习胡人骑射技术，

战国铜武士俑。整个造型比例适度，发达的胸肌、鼓凸的肌腱，显示了强健的体型。

推行胡服，以增强赵国的军事力量。楼缓表示赞成。但其他大臣们知道后都极力反对。赵武灵王向大臣肥义表述了自己继承先王赵简子、赵襄子抗击胡人、翟人的功业，向中山国及北方开拓领土的志向，说明穿胡服是为了掌握骑射技术，提高赵国战斗力，削弱敌人优势，如此则可事半功倍，不耗尽民力而能光大先王勋业。他对群臣、百姓囿于世俗，不了解自己意图而妄加议论感到忧虑。肥义认为，愚昧的人看到事情做成后才明白，聪明的人却能在事先就看清楚，因此讲究最高德行的人，不必理会世俗之见；成就大功业的人，岂能与凡人商议。从前尧为了取得成功，曾在苗人中舞蹈；禹为了取得成功，曾在裸国中脱去衣服。俗语说"做事犹豫就不会成功，行动犹豫就不能成名"。他希望赵武灵王坚定决心，不必顾虑世人议论，不要犹豫不决。赵武灵王得到肥义支持，遂坚决在赵国倡行胡服，带头穿上胡人服装，又说服叔父公子成身穿胡服上朝，对封建贵族赵文等人的反对意见严词驳斥，下令在全国推行胡服，并招募士兵进行骑射训练。

赵武灵王的改革很快收到了效果。周赧王九年（前306年），赵北攻至中山之宁葭（即曼葭，今河北石家庄西北）；西略林胡（少数民族部落，分布于今陕西东北部和内蒙地区）之地至榆中（今内蒙古伊克昭盟东部），迫使林胡献马求和。次年，赵再取中山之丹丘（今河北曲阳西北）、华阳（今河北唐县西北）、鸱之塞（又作鸿上塞，今河北涞源南）、鄗（今河北高邑东南）、石邑（今石家庄西南）、封龙（今石家庄西南）、东垣（今石家庄东北），迫使中山国献四邑始罢兵。中山经此重创，不久灭亡了。胡服骑射不仅拓展了赵的疆土、壮大了赵的实力，而且使赵国继晋之后与燕国同为北方民族融合的中心，也为中原的生活方式带来了新的因素。

燕乐毅将五国军伐齐

　　燕昭王即位之后，为向齐报破国之仇，奋发图强、广招贤者，优礼相待，又慰问、抚恤死难者亲属，与百姓同甘共苦。燕国由此罗致了一批智能之士，其中有熟悉齐国险阻要塞及其君臣关系的谋士和善于用兵的军事人才。其中有乐毅，他主张应依据人的功劳大小，能力高低任以相应官职。他帮助燕昭王进行政治改革，使国力进一步增强。

　　燕昭王二十八年（前284年），国家殷实富足，士卒奋勇勇战，愿为国献身疆场。燕昭王与乐毅商量伐齐复仇之事，乐毅建议燕昭王与赵、楚、魏等国联合伐齐。燕昭王便派使者出使魏、楚，派乐毅出使赵，并亲自到赵国与赵惠文王相会。赵惠文王将相国之印授予乐毅。燕昭王遂任命乐毅为上将军，征发全国军队，与赵、秦、魏、韩等国联合向齐国展开进攻。

　　其时齐湣王征调全国军队，由向子率领，在济水以西与五国联军交战。由于齐湣王晚年暴虐无道，杀死几位敢于直言进谏的大臣，使得臣民离心，毫无斗志。双方一交战，向子就下令退兵，自己一人率先乘车逃脱，齐军大败。齐将达子

战国白玉龙凤云纹璧。以优质白玉制，局部有紫红色浸蚀。中央镂雕一张口蟠曲的龙（或称蟠虎），璧身满饰规则的朵云纹。外缘两侧对称地各镂雕一形式相同而方向相反的凤。两面纹饰相同，雕琢十分精美。

召集逃亡的齐军士兵，整顿后继续作战，企图挽回败局，但齐湣王不予援助。达子率军在秦周（今山东临淄西北）与五国联军交锋时又被打败，达子战死。

两次战役使齐国主力受到重创，不能再与五国联军交战，只得退守各地城池。乐毅遂遣还秦、韩之军，让魏国进攻原宋国地区，赵国去攻取河间，自己则率领燕军长驱进击，攻打齐都临淄，齐湣王逃走。乐毅攻入临淄后，搜取齐国宝器，全部运回燕国。燕昭王亲自到济水慰劳将士，并将昌国（今山东淄博东南）之地封给乐毅，号昌国君。五国联合伐齐，秦国攻取原被齐国所占的宋国大邑定陶（今山东定陶西），魏国攻取大部分原属宋国的领土，赵国攻取济水以西的大片土地，连鲁国也乘机攻占齐国的徐州（即薛，今山东滕县东南），齐国遭受沉重打击。

同时，楚国担心五国攻破齐后再图谋楚国，遂派淖齿率兵援救齐国。齐国已被五国联军打败，燕军攻入国都临淄（今属山东），齐湣王逃到卫国，后又逃回到莒（今山东莒县）。淖齿率救兵赶到莒，被齐湣王任为相国。淖齿想与燕瓜分齐国，便将齐湣王杀死，乘机收复了以前被宋国夺取的淮河以北地区。

五国联合伐齐，是战国时的一场大战，之后，六国之间的自相残杀愈演愈烈。

战国碧玉龙形佩。玉料呈青碧色，间有紫色浸蚀。两面形式相同，
皆琢成 S 形的龙，身饰蚕纹。龙腹中部上方有一圆穿。形制古朴生动。

廉颇负荆请罪

　　周赧王三十六年（前279年），秦昭王派使者约请赵惠文王到西河外的渑池相会。赵惠文王害怕秦国，不想赴会。上卿廉颇和上大夫蔺相如认为，不去则显得赵国软弱胆小，因而劝说赵惠文王去渑池，并商定由蔺相如随行前往，廉颇率军在边境戒备。赵惠文王和蔺相如到渑池后，秦昭王设宴款待，至饮酒酣畅时，秦昭王请赵惠文王弹瑟，赵惠文王无奈，便弹了二曲，秦国御史走上前来记录此事："某年某月某日，秦王与赵王饮酒，令赵王弹瑟。"以侮辱赵惠文王。蔺相如见状，便走上前对秦昭王说："赵王听说秦王擅长演奏秦地乐曲，请允许我献上瓦缶，请秦王敲击，作为娱乐。"秦昭王大怒，拒不敲。蔺相如拿着瓦缶上前跪于秦昭王前，再次请求他敲，秦昭王仍是不肯。蔺相如厉声威胁：再不敲，我将不惜一死以命相拼。秦昭王的侍从要杀蔺相如，蔺相如作出欲击秦昭王之势，喝斥他们退回。秦昭王无奈，只得敲了一下瓦缶，蔺相如召赵国御史记道："某年某月某日，秦王为赵王敲山瓦缶。"秦国的群臣又提出请赵国献十五城为秦昭王祝寿，蔺相如便提出请秦国献上国都咸阳为赵惠文王祝寿。直至宴会结束，秦国始终未能占上风。由于赵国已在边境部署重兵，时刻戒备，秦国不敢轻举妄动，双方以平等地位重修旧好。

　　由于蔺相如的大智大勇，功绩卓著，赵惠文王任命他为上卿，位次在廉颇之上。廉颇是赵国名将，曾率兵击败齐国，夺取阳晋，被任命为上卿。他认为蔺相如不过是口舌之劳，而位在自己之上，不由得怒火中烧。蔺相如曾为宦者令的家臣，地位卑下，廉颇更觉羞辱。他扬言，他日若遇见蔺相如，一定要当众侮辱之。蔺相如闻讯，为避免与廉颇冲突，不再与廉颇会面。上朝时，常常托辞有病，不愿与廉颇争位次高下。某日外出，远远望见廉颇，便连忙回车躲避。蔺相如的家臣颇为不平，认为蔺相如与廉颇职位相等，廉颇口出恶言，蔺相如却处处躲避，未免过于胆小，这种事连普通人都感到羞耻，身为上卿的蔺相如决不能再容忍。他们说，自己离开亲人投奔蔺相如，是因为仰慕他的高风亮节，而不希望看到他终日受辱，若是因为家臣无能，他们愿意离开。蔺相如对家臣说，秦昭王比廉将军更厉害，我尚敢在朝堂上呵斥他，侮辱他的大臣，我当然不会怕廉颇。廉颇对自己的侮辱，不过是个人仇怨，只能置于身后，国家急难先于一切。现在强秦不敢贸然攻赵，就是因为有我和廉颇文武二臣在，如果我们相互争斗，必有一人受伤，秦国便有可乘之机，赵国就危急了。家臣听后方才顿悟。廉颇闻知后，深为自己的无知感到羞愧，益加佩服蔺相如的襟怀，便脱去上衣，露出肩膊，背着荆条，向蔺相如请罪。两人和好如初，结为生死之交。

廉颇拒秦兵于长平·赵括纸上谈兵惨败

　　周赧王五十三年（前262年），秦军完成了对韩上党（今山西沁河以东地区）的包围，上党郡守冯亭为借赵军抗秦，奉献上党于赵，引起秦赵在长平（今山西高平西北）大战。起初，赵王命廉颇为将，廉颇依凭险要地势坚壁增垒，采取固壁不战的策略，坚守长平三年，秦军久攻不下。周赧王五十五年（前260年），赵王中秦反间计，改任赵括为将代替廉颇。赵括是赵国名将马服

战国郑令铍。兵器。铍身呈六角形。

君赵奢之子，史书或称"马服子"。自幼便学兵法，论兵事，自以为天下无敌。赵括曾与其父论兵，赵奢虽不能诘难，但不以为然。赵括母询问原因，赵奢说："兵事危险而又千变万化，赵括却视为易事，如果将来为赵将，必遭败绩。"赵括代替廉颇指挥赵军后，秦国也派名将白起代替王龁担任主将。白起利用赵括只会纸上谈兵而且骄傲轻敌的弱点，交战时佯败后退。赵括以为秦军已败，率领赵军开垒出击，长驱直入攻击秦军营垒。秦军早有防备，赵军久攻不下。此时，白起派出两支奇兵，由左右两翼迂回，切断赵军退路。赵军被围困，只得筑垒坚守待援。秦王闻知，亲往河内（今河南黄河以北地区）征发年满十五岁以上的男丁参加长平之战，堵截赵国援军，断绝粮道。九月，赵括将赵军分为四队，轮番冲击，终究未能突围。赵括被射死，四十余万士卒被迫降秦。白起怕赵军日后反叛，只让年少体弱的二百四十人归赵，其余全部坑杀于长平。秦赵长平之战，最终以赵国的惨败而告结束，赵军前后死亡达四十五万人，秦军也死亡过半。赵国实力由此大为削弱。

山东临淄齐故城遗址

李牧击匈奴

　　李牧，赵国北方良将，曾驻守代和雁门。平日"习骑射，谨烽火，多间谍，厚遇战士"。匈奴一旦入侵，则下令军民"急入收保"，不与匈奴交战。如此数年，谨守无所亡失。匈奴以为李牧胆怯。李牧等待"边士日得赏赐而

战国虎咬牛纹金饰牌，北方游牧民族饰件。饰牌正面为浅浮雕的虎、牛争斗图案。牛虽被猛虎捕杀于地，但仍然表现了顽强的反抗精神，利用它那锐利的牛角，刺穿虎的耳朵。形象生动逼真。

战国羚羊饰件，北方游牧民族装饰品。

战国卧鹿，北方游牧民族殉葬明器。

战国虎衔羊饰牌，北方游牧民族腰带装饰品。

战国虎噬驴饰牌，北方游牧民族服饰品。

不用，皆愿一战"之时，挑选车骑数千，军士十多万，严加训练；然后"大纵畜牧，人民满野"，诱使匈奴大举入侵。李牧多设奇阵，左右夹击，大破匈奴十余万骑。于是灭襜褴，破车胡，林胡降赵，单于奔逃。匈奴因此十多年不敢靠近赵国边地。前243年，廉颇背赵入魏，赵王令李牧为将，率军攻燕，攻占了燕国武遂和方城。

战国楚王熊肯钟鼎，口沿外壁有铭文十二字，记楚王盦（熊）肯作器。

蒙恬北伐匈奴

秦尚未统一六国前，逐渐强大起来的匈奴经常掠夺内地的人民、牲畜、财产，使相邻的燕、赵、秦深受其害。尤其是秦灭六国的最后阶段，中原战事方酣，匈奴趁各诸侯国无暇外及，占领了河套地区的所谓"河南地"。秦王朝建立后，匈奴的威胁成为最突出的问题。

秦始皇三十二年（前215年），奉命入海求仙的卢生回到咸阳，向始皇报告鬼神事，奏上的《录图书》有"亡秦者胡也"的语句。此胡本指"胡亥"之胡，但始皇却认为"胡"谓匈奴，为此，遂派大将蒙恬率军30万大举北伐匈奴。尽取河南（今黄河河套西北）地。

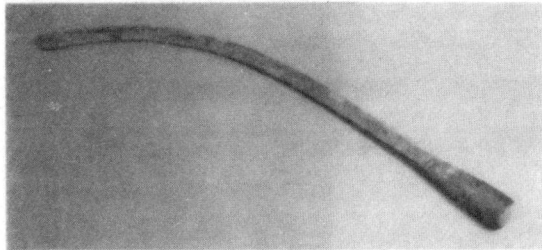

秦代铜弯刀

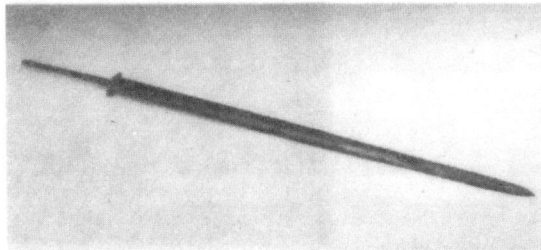

秦代铜剑

蒙恬（？—前210年），其祖先为齐国人。祖父蒙骜，从齐入秦侍奉秦昭王，官职为上卿。父亲蒙武，弟蒙毅，都是名将。始皇二十六年（前221年），蒙恬因家世殊勋被拜为秦将，受命攻陷齐国，拜为内史。第二年，蒙恬又率军越过黄河，夺取了为匈奴控制的高阙（今内蒙古杭锦后旗东北）、阳山（今内蒙古狼山）、北假（今内蒙古河套以北、阴山以南、大青山以西地区）等地。

　　匈奴首领头曼单于在秦军的打击下，放弃河南地及头曼城向北退却。秦王朝收复河套以北、阴山一带地区后，增设44县，重新设置九原郡，在黄河岸上构筑城堡戍守。始皇三十六年（前211年）秦迁内地人3万户到北河、榆中（内蒙古自治区伊金霍洛旗以北）屯垦，进一步巩固了对这一地区的统治。当时人们把这一新开垦的地区叫做"新秦"。

　　蒙恬北伐匈奴，不仅有力地制止了匈奴奴隶主贵族对中原的抢掠，而且大大促进了这一地区的开发。在长期的劳动和交往中，不少匈奴人南迁中原，逐渐同秦人及其他各族人民共同居住和生产，促进了民族的大融合。

秦将军俑

秦将军俑

刘邦起兵于沛

秦末陈胜，吴广大泽乡起义旧址。

秦二世年元年（前209年）九月，刘邦在泗水沛郡（今江苏沛县）起兵，自称沛公。

刘邦（前256年—前195年，一作前247年—前195年），字季，沛人，为人豪爽慷慨，不喜欢从事农家生产，经常应征至咸阳服徭役。一次在咸阳服役时，正好遇到秦始皇出行，为皇帝的威严所震动，不禁发出感叹："大丈夫就当如此！"后来，他出任泗水亭长，一次为县廷押送役徒去骊山（今陕西临潼东南），途中很多役徒逃亡，刘邦无法阻拦，考虑到等到了骊山，役徒也就已经逃尽，自己不免获罪。于是，来到丰（今江苏丰县）西泽中亭时，刘邦趁黑夜把役徒全部释放；其中有19名壮士愿意跟随刘邦，一起藏匿于芒、砀（今安徽砀山东，芒山在其北）山泽之间。

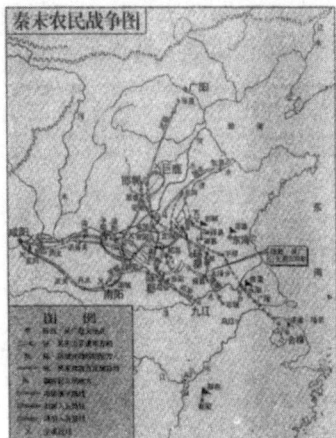

秦二世六年，刘邦在沛吏萧何、曹参等支持下，杀死沛县县令，起兵响应陈胜吴广起义。收编步兵2000余人，自称为沛公，开始反秦。

巨鹿大战·项羽威震诸侯

秦二世三年（前207年）十二月，项羽率军渡河，破釜沉舟，在巨鹿大败秦军，各路诸侯军都归顺项羽。

项羽像

楚怀王派宋义为上将军，项羽为次将，范增为末将，率主力军去救赵。二世三年（前207年）十月，宋义率军到达安阳（今河南安阳西南），停留46天不进。项羽建议迅速引兵渡河，赵、楚二军里应外合，出其不意，击败秦军，以解巨鹿之围。宋义贪生怕死，不同意项羽的战术，认为不妨先让秦、赵相斗，秦兵即使战胜也已疲劳，楚军趁势出击即可制胜，而秦兵若战败就更好，楚军不必北上，转而西进，乘关中之虚一举灭暴秦。因此他下令全军不准出击，违者一律斩首。当时正值天寒大雨，士卒饥寒交迫，而宋义却在军中饮酒作乐。项羽大怒，杀掉宋义，向全军宣布：宋义与齐国共谋反楚，楚王秘密命令：我消灭他！诸将被慑服，一致拥护项羽，共立项羽为假（代理）上将军。楚怀王知道后就即封项羽为上将军，挥师北进。

同年十二月，项羽先命英布、蒲将军领兵二万人横渡漳水河，截断秦军粮道，然后亲率全军渡河。渡河完毕，命令士兵沉船只、破釜甑，烧庐舍，只携带三日口粮，宣示全军死战，不求生还的决心。

当秦军围巨鹿时，赵将陈余率数万人驻守巨鹿城北，因为兵少而畏缩不敢迎击秦军。救赵的齐燕等诸侯兵共数万人，分十多个营垒屯驻在陈余军旁，无人敢派兵出战。及项羽率军进抵巨鹿，迅速出击秦军，楚军勇猛无比，莫不以一当十。战斗中诸侯将领都在自己营壁上观望，只见楚军杀敌勇猛异常，喊声震天，战斗激烈，诸侯军无不心惊肉跳。经过殊死血战，项羽率军终破20万秦军。结果大败秦军，生擒秦将王离，斩杀苏角。章邯带残兵败逃，退回棘厚（今巨鹿城南）。

战斗结束后，项羽召见诸侯将领，众将进入辕门时，个个跪行，不敢仰视。项羽从此威震诸侯，成为诸侯上将军，统领诸侯之兵。

巨鹿之战结束后，二世派人斥责章邯，章邯权衡利害，终于投降了项羽。

项羽分封·自任西楚霸王

汉元年（前206年）正月，项羽入关后，派人向楚怀王报告并请示封王事情。怀王坚持过去的盟约："率先进入并平定关中的为王"，任命刘邦统治关中。项羽对此气愤不已，于是名义上仍尊奉楚怀王为义帝，让他仍旧居住在盱眙（今江苏盱眙东北）。二月，项羽自立为西楚霸王，掌管梁、楚地方九郡，设都彭城（今江苏徐州）。并分封18个诸侯王。

项羽本来不想让刘邦为关中王，又担心违反背约之名，于是与范增策划说"巴、蜀地方道路险峻，秦朝被流放的人都居住蜀地，而且巴、蜀两地也地处关中。"因此封刘邦为汉王，统治巴、蜀、汉中等地，设都南郑（今陕西汉中）。并将关中一分为三，分封秦3个降将，借以阻挡汉王东向的通道：章邯为雍王，掌管咸阳以西，设都废丘（今陕西兴平东南）；司马欣为塞王，掌管咸阳以东、黄河以西，设都栎阳（今陕西临潼东北）；董翳为翟王，掌管上郡，设都高奴（今陕西延安东北）。其余14个诸侯王为：申阳为河南王，统治河南郡，设都洛阳；司马卬为殷王，治理河内郡，设都朝歌（今河南淇县）；张耳为常山王，管理赵地，设都襄国（今河北邢台）；英布为九江王，设都六（今安徽六安）；吴芮为衡山王，设都邾（今湖北黄冈西北）；共敖为临江王，

设都江陵（今属湖北）；臧荼为燕王，设都蓟（今北京市西南）；田都为齐王，设都临（今山东广饶旧临淄）；田安为济北王，设都博阳（今山东泰安北集坡）；将魏王豹改封为西魏王，掌管河东郡，设都平阳（今山西临汾襄陵西）；将赵王歇改封为代王，设都代（今河北蔚县代王城）；将燕王韩广改封为辽东王，设都无终（今天津蓟县）；将齐王田市改封为胶东王，设都即墨（今山东平度古岘东南）；韩王成仍然为韩王，居住在原来都城阳翟（今河南禹州）。

韩信暗渡陈仓

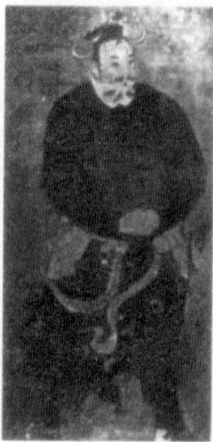

韩信像

汉元年（前206年）四月，刘邦接受项羽分封，前往南郑（今陕西汉中）就任汉王位，项羽派兵3万人护从。楚军与诸侯军中仰慕刘邦声名的共数万人从杜（今陕西长安杜曲）向南进入子午谷，随刘邦进入汉中，张良送至褒中（今陕西沔县东）后和刘邦告别，并返回辅助韩王成。临别时，张良劝说刘邦烧绝所经过栈道（又名阁道，古代在山崖上架木为道以通行），以防诸侯偷袭，并麻痹项羽，表示此去后没有再返回之意。韩信以前仗剑投奔项梁军，项梁兵败后归附项羽，曾多次向项羽献计，始终不被采纳，于是离开项羽出走，投奔刘邦。

有一天，韩信违反军纪，按规定应当斩首，临刑时看见汉将夏侯婴，就问到："难道汉王不想得到天下吗，为什么要斩杀壮士？"夏侯婴以韩信所说不凡、相貌威武而下令释放，并将韩信推荐给刘邦，但未被重用。韩信多次与萧何谈论，为萧何所赏识。刘邦至南郑途中，韩信思量自己难以受到刘邦的重用，中途离去，被萧何发现后追回，萧何并多次向刘邦推荐韩信，称他是汉王争夺天下不能缺少的大将之材，应重用韩信。刘邦采纳萧何建议，七月，择选吉日，斋戒，设坛场，拜韩信为大将。于是韩信劝说刘邦抓住时机，利用将士锋芒正锐，向东出击以建大功，鼓动刘邦"决策东向，争权天下"。刘邦听后很高兴，并采纳韩信计策，决心东进，夺取天下。同时在七月，项羽杀韩王成，张良逃离韩地，秘密经小路回到刘邦军中，刘邦封张良为成信侯，替自己出谋划策。八月，关东地

千佛崖蜀道。时过千年，昔日的古栈道仍是今日川陕公路的重要路段

区战火又起，项羽无暇西顾，刘邦想乘机占领关中，韩信为迷惑敌人，采取了"明修栈道、暗渡陈仓"的战术，先派兵在褒谷（今陕西沔县褒城镇北）、斜谷（今陕西眉县西南）一线假装修复栈道，虚张声势，迷惑敌人。实际上，韩信率汉军主力暗中由故道（今陕西凤翔西北）偷越陈仓（今陕西宝鸡市东），向雍王章邯发起突然袭击，连败章军。章邯退回废丘（雍都，今陕西兴平东南）。刘邦进入咸阳，率兵包围废丘，并分派诸将攻占秦地。此时，塞王司马欣、翟王董翳都见机向刘邦降。于是刘邦平定雍、塞、翟三秦地，占据关中，使之成为楚汉战争中与项羽争夺天下的后方基地。

楚汉相争·彭城大战项羽大败刘邦

汉元年（前206年）八月，关东战火续起，刘邦也出兵关中，平定三秦地。汉二年（前205年）十月，赵将陈余与齐相约联手攻击并驱逐常山王张耳，张耳兵败归附汉王。刘邦出关镇抚关外父老，河南王申阳投降，刘邦以他的领地设立河南郡。并让韩襄王孙信为韩太尉，率兵在阳城（今河南登封东南）进攻韩王郑昌（项羽所立），以扫除东进障碍，郑昌投降。十一月，刘

邦立韩太尉信为韩王。汉二年正月，刘邦手下诸将攻克北地郡（今甘肃西峰东南），俘虏章邯弟章平。三月，刘邦由临晋（今陕西大荔朝邑）渡过黄河进入河东郡（今山西夏县西北），魏王豹投降。此后刘邦率军东进攻取河内郡（今河南武陟西南），活捉殷王司马卬，并以他的领地设立河内郡。此时刘邦汉军势力日益强盛。另外，汉二年十月，项羽暗中命令九江王英布、衡山王吴芮、临江王共敖等袭击义帝，并将义帝杀死在长江中。三月，刘邦至洛阳新城，采纳三老（官名，掌一乡之教化）董公建议为义帝发丧，并遣出使者向各路诸侯通报，要求大家协同作战，讨伐项羽。四月，刘邦率领五路诸侯（常山、河南、韩、魏、殷）联军共56万人，从洛阳出发，号召为义帝复仇，向东讨伐项羽。行至外黄（今河南杞县东），彭越率兵3万余人归附汉王。刘邦任命他为魏相国，命令他率兵平定梁王的领地。刘邦迅速进入彭城，接收项羽的物资、珠宝和美人，日日饮酒作乐。项羽闻讯，命令其部将留守齐地，自己率3万精兵南下向刘邦扑来。项羽从鲁（今山东曲阜）一路南下，越过胡陵（今山东鱼台东南）进军到彭城西郊的萧县（今安徽萧县西北），并于第二天早晨向刘邦汉军发起攻击，东逼彭城，至中午大破汉军。汉军溃败，拥挤仆倒跌入谷水、泗水，死伤10余万人。汉军南逃，项羽紧追不舍，至东濉水上，汉军跌入水中被淹死10余万人，竟阻断一河水流。适逢由西北方向突然刮起大风，飞沙走石，一时天昏地暗。楚军惊骇，阵脚大乱而溃散。刘邦乘机与几十名骑兵逃去。途中遇子刘盈（即后来的汉惠帝）、女鲁元公主，于是一同逃走。刘邦的父亲太公、母亲刘媪及妻子吕雉等则为项羽俘虏，作为人质。经此一战，诸侯再一次背叛汉王亲楚王。刘邦也因此而大伤元气，不得已由彭城退守下邑（今安徽砀山），渐渐收集失散和逃亡的士卒。五月，刘邦到荥阳，各路败军都来会集，此外又得到关中兵员补充，势力再次大振，于是和项羽楚军在京（今河南荥阳东南）、索（今荥阳）之间相持不下。

韩信背水一战

汉元年（前206年）八月，韩信"明修栈道，暗渡陈仓"，一举平定三秦地。汉二年（前205年）五月，魏王豹借口回魏都平阳（今山西临汾襄陵东北）探望母亲疾病之机背叛汉王而归附楚王。刘邦派郦食其前往劝他回心转意，魏王豹拒绝。八月，刘邦以韩信为左丞相，与灌婴、曹参等协同攻击魏王豹，大败魏军。九月，韩信活捉魏王豹，平定魏地。后韩信派人请刘邦增兵3万人向北攻取燕、赵，向东进攻赵王，向南切断楚军后勤补给通道。刘邦同意，并命令张耳率军增援，与韩信合

井陉古战场。河北省井陉县的古战场遗迹，历史上著名的"背水一战"，就发生在这里。

力向东进攻，并向北攻击赵、代。闰九月，韩信击破代军，活捉代相夏说。汉三年（前204年）十月，韩信、张耳率军数万越过太行山，向东攻击赵地。当时，赵王歇与赵军统帅成安君陈余在井陉口（又名土门关，在今河北井陉，为太行山八大隘口之一）聚集重兵，号称20万，想与韩信决战。广武君李左车建议从小路出兵消灭其辎重"以出奇制胜"，陈余不听。韩信知道情况后大喜，于是采用"置之死地而后生"的背水阵战术，率兵离井陉口30里地时停止进军。半夜时分，向部将发出出兵的命令，并首先挑选轻骑2000人，每人手持红旗，由小路顺着山边隐蔽前进，至赵军营壁附近待命。另派万人作为先锋进军至绵蔓水（在井陉境）东岸，背对着河水摆下战阵。天明，韩信竖大将旗鼓，向井陉口攻击。赵军一看，立刻开壁门迎战。经长时间的激战后，韩信、

张耳假装战败，向水上军逃跑，双方又展开激战。赵军见汉军背水而立，后无退路，于是倾巢出动猛攻汉军。此时，先行埋伏赵营附近的2000汉军轻骑立即驰入赵壁，将赵旗全数拔去并竖立起汉帜。汉军水上军因后无退路，拼力死战，赵军久战不下，想撤回大本营，突然发现赵壁上空汉帜招展，军心大乱。韩信指挥汉军趁势夹击，大破赵军。陈余也于泜水上为汉军所杀，赵王歇及李左车等都为汉军俘虏。此后，燕地望风而降。

项羽自刎乌江

乌江渡口

汉四年（前203年）八月，楚汉订立和约，以鸿沟为界。后项羽履约，率兵东归。而刘邦则采纳张良、陈平建议，乘势追击楚军，由此开始了刘邦对项羽的歼灭战。经过数次胜负战斗，至汉高祖五年（前202年）十二月，刘邦部将韩信率30万汉军和诸侯联军，将项羽的10万军队紧紧包围在垓下（今安徽灵璧东南）。此时项羽兵少粮尽，士气低落，与汉军接战不能取胜，无奈只得退入营壁。到了夜间，四面汉军都唱起楚歌，瓦解项羽的军心，10万楚军最后逃得只剩下了数千人。项羽听见四面楚歌，以为汉军已经全部占领了楚地，于是陷入绝望。半夜在帐中饮酒，情怀悲凉，不由地对着爱姬虞姬慷慨悲歌："力拔山兮气盖世，时不利兮骓不逝！骓不逝兮可奈何，虞兮虞兮奈若何！"高歌数遍。虞姬唱和，随后自杀死。于是项羽乘乌骓马率800精骑趁夜突围南逃。天明，韩信命令灌婴率5000骑兵追赶。项羽渡淮河，跟从者仅百余人，至阴陵（今安徽和县北）迷失道路，向一田夫打探，田夫欺哄说往左去，不料竟陷入沼泽中，为汉军追上。不得已，项羽又率兵向东逃到东城（今安徽定远东南），这时身边仅剩骑兵28名。项羽自料难以逃脱，于是仰天长叹，认为是上天要灭亡他，而并不是战争之罪，于是策马大呼，飞驰而上，斩杀汉兵上百人，最后退到乌江（今安徽和县东北），准备渡江返回江东。当时乌江亭长在江岸边备好渡船，只是项羽自己无颜见江东父老，在斩杀汉追兵数百人后举剑自刎，年仅31岁。

周勃、陈平安定汉室

汉高后八年（前180年）九月，周勃、陈平等人平定诸吕叛乱，使汉朝统治大权重新回到刘氏手中。

刘邦死后，吕后违背"非刘氏而王、天下共击之"的盟约，极力培植吕氏势力，先后分封吕台、吕嘉、吕产、吕禄、吕通等为吕、赵、燕等郡国国王，又封吕种、吕平等为列侯，并让吕刘互通婚姻，希望以此确立吕氏、刘氏和功臣集团的联合统治地位。但是，忠于刘氏的元老重臣对吕后的行为很不满，吕后也对此放心不下，临终前又任命吕产为相国，吕禄为上将军，掌握军政大权。高后八年（前180年）七月吕后病死，九月，诸吕欲聚兵叛乱，夺取政权，刘章得悉消息后，派人密报其兄齐王刘襄，要齐王发兵向西进攻，以大臣为内应，消灭诸

陕西咸阳杨家湾出土的西汉步兵持盾陶俑

吕，拥立齐王即位。齐王随即调集全国军队，打着"率兵消灭不应当为王的人"的旗号发兵西进。相国吕产派遣大将军颍阴侯灌婴率兵迎战，灌婴本来是忠于刘氏的功臣集团的重要人物，率兵到荥阳后，安营扎寨，并派人与齐王联合，拥兵自重，以等待吕氏之变。

此时在朝廷内部，周勃、陈平等密谋策划，派人说服曲周侯郦商，并让其子郦寄去劝说吕禄将兵权交给太尉周勃。郦寄劝诱吕禄说：高帝与吕后共定天下，刘氏所立9王、吕氏所立3王，都是大臣们所议定的，并布告于天下。现在太后已死，你作为上将军且拥有赵王之位，率兵留在此地，只会引起大臣诸侯疑忌，不如回到封国镇守藩国，将军队交给太尉，还请梁王吕产交出相国印，与大臣订立盟约，返归封国。这样的话，齐王一定会停止进兵，大臣们也可以放下心来，你也可高枕无忧做你的郡国王。虽然吕禄深以为是，但吕产和诸吕老人有的以为可行，有的以为不可行，因而犹豫不决。此时襄平侯纪通掌管符节，于是持节假传命令让太尉周勃进入北军。吕禄以为少帝已派太尉守北军，于是解印将兵权交给周勃。周勃进入军中号令："拥戴吕氏的袒露右肩，拥戴刘氏的袒露左肩！"军中士卒都袒露左肩，呼声震天，周勃遂统领北军。接着，周勃命令朱虚侯刘章率兵千余人以进宫警卫皇帝为名，伺机捕杀统率南军的吕产。刘章在未央宫中击杀吕产，后又捕杀吕禄，并分派人手去捕杀诸吕，不论老少一律处死，至此，吕氏集团被剿灭，统治大权又回到刘氏集团手中。

诸吕之乱平定后，周勃、陈平等大臣密商选立皇帝。由于少帝不是惠帝亲子，无权承继大统。齐王刘襄为汉高祖刘邦长孙，但是其舅驷钧为人阴毒，大臣们接受了吕氏正因为外戚险恶而几乎危及汉家江山的教训，也将其排除在外。最后，大臣终于选定代王。因代王在汉高祖现存诸子中年龄最大，而且为人仁孝宽厚，其母薄氏也为人谨慎善良，因此由代王继承帝位最为合适。于是，大臣们暗中派人迎代王入长安即位。闰九月，代王刘恒一行由代到长安，在群臣拥戴下代王即皇帝位，即太宗孝文皇帝。文帝即位后大赦天下，积极推行休养生息政策，开创了汉朝盛世。

周亚夫平定七国之乱

汉景帝前三年（前 154 年）正月，吴、楚等 7 国起兵反叛，三月，太尉周亚夫率军平定。

景帝误杀晁错于长安东市后，悔恨之余，决定以武力平叛，于是派遣太尉周亚夫统领 36 将军率兵征讨，迎击吴楚联军，并派郦寄击赵、栾布击齐地诸国。

其时，吴王亲率吴楚联军 20 余万将粮仓设在淮南的东阳，而以主力渡过淮水，向西进攻。同时，胶西、胶东、济南、菑川等 4 国合兵围攻忠于汉中央政权的齐国。赵国也在暗中勾结匈奴。二月，周亚夫采纳赵涉建议，从武关出兵抵洛阳。当时吴楚联军正猛烈进攻梁（今河南开封），亚夫不救，并率

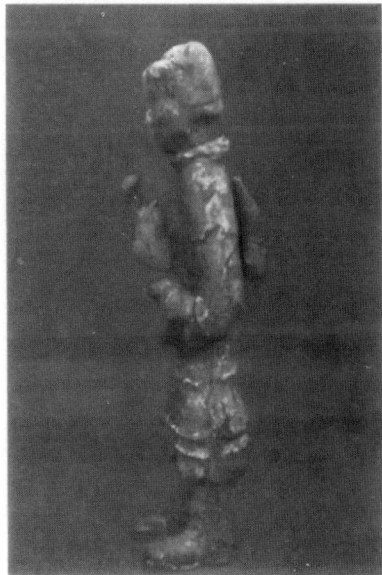

西汉兵士立俑。俑为兼任弓弩手之持械武士。

徐州出土西汉楚王墓兵马俑

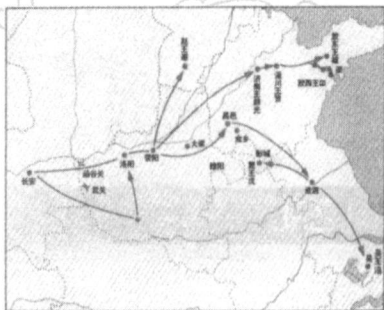

七国之乱图

伍伯画像砖。为浮雕官吏出行队伍的前驱伍
伯六人，跨步飞奔，表现出行行列威武气氛。

西汉鎏金带龠鸳鸯戈。钩击兵器。援弧形
上扬，下刃前端较宽，援脊略突，刃锋利。长
胡三穿，直内。内上近阑处贯穿一鎏金短筒形
龠，龠上端饰一只蹲伏回首之鸳鸯，用以冒秘。
戈身除援的刃部，内的周边外，遍饰黑色蛇皮
斑纹，并具鎏金长筒形鐏，中腰饰凸弦纹一周，
鐏中遗有积竹柲残段。

兵向东北走昌邑（今山东定陶东），以坚壁固守的战术，避免与叛军作正面接战，并派精锐骑兵突入敌后，夺取泗水入淮口，截断叛军的后勤补给道路，使其陷入困境。加上吴楚联军多为步兵，习惯在有险阻之地战斗，汉军多是车骑，擅长于平地作战。而战事在淮北平原上进行，对吴楚军显然不利。吴楚联军连战无功，士气低落，供应短缺，又无法越过梁国坚守的睢阳（今河南商丘南）。吴楚联军于是北进至下邑以求和亚夫军一战，结果一败涂地，士卒饿死、投降、失散很多，只得退走。亚夫立刻挥兵猛追。三月，吴王刘濞残部数千人退守丹徒（今江苏镇江），被东越人所杀。楚王刘戊也兵败自杀。其他诸王为栾布和郦寄所逼，有的被杀有的自杀。历经3个月的七国之乱遂被平定。

七国之乱的平定，巩固了削藩政策的结果，在很大程度上解决了汉高祖分封同姓王所引起的矛盾，并为日后汉武帝以推恩令进一步解决诸侯王国问题创造了必要的条件。

飞将军李广威震匈奴

李广，陇西成纪（今甘肃秦安）人，秦同名将李信之后，世世传习射箭。文帝时，以"良家子"从军抵抗匈奴，杀敌虏获甚多，表现出非凡的军事才能，被选为郎官。景帝时，随周亚夫平定吴楚之乱又大显身手。此后，他历任沿边诸郡如：上谷、陇西、北地、雁门、代郡、云中等郡太守，以抗击匈奴闻名于世。

洛惠渠龙首坝，洛惠渠是在汉代龙首渠的基础上兴建的。

元光六年（前129年），他参加了抗匈大战。匈奴经过这次打击，势已疲敝，被迫远遁。武帝因其战功，拜李广为右北平太守。任职其间，因尽于职守，善长骑射，作战骁勇，因而被称为"汉之飞将

西汉鎏金双驼饰牌，匈奴贵族服饰品。

军"。匈奴对他十分敬畏，数年不敢入界侵犯右北平。李广还参加前121年河西之役与漠北之战，为安定北疆鞠躬尽瘁。

霍去病击匈奴·浑邪王降汉

元狩二年（前121年），霍去病在河西之役重创匈奴军队。浑邪王兵败恐为单于所诛，乃率众投降汉朝。

元狩二年，为了争夺河西地区，骠骑将军霍去病奉命率领1万轻骑兵与匈奴作战。在战争中，他神出鬼没，足智多谋，白天转战5个王国，奔驰千

霍去病墓前石雕。汉武帝刘彻时期，经数十年的休养生息，国力大盛，已足以凭籍武力肃清边疆。汉武帝曾数次派以卫青、霍去病等将领为首的大军深入北方大漠与匈奴决战，皆大胜而归，巩固了北方边陲的安定。图为陕西兴平县汉大将军霍去病前的石雕——马踏匈奴，是为标榜霍氏的功绩而凿刻。

霍去病墓前石雕石刻伏虎

霍去病墓前石雕石刻卧象

余里，取得辉煌战果。共杀匈奴小王2人，俘斩8900余人，并获休屠王祭天金人。同年夏天，他又深入匈奴腹地2000余里，斩首30000多级，俘获匈奴小王70多人。从此，汉朝控制了河西走廊一带，匈奴与羌人的联系被切断。

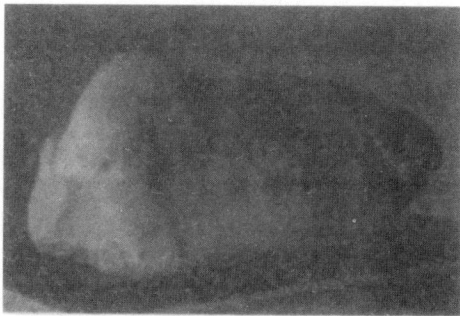

霍去病墓前石雕石刻跃马

匈奴王单于听到此败信，大为震怒，欲将浑邪王斩首治罪。于是浑邪王决定投降汉朝。是年，霍去病护送浑邪王入长安晋见武帝，并带领降汉匈奴军数万人渡过黄河，凯旋而归。

浑邪王降汉后，武帝立他为漯阴侯，封万户，并把前后降汉的匈奴人分别迁徙安置于陇西（今甘肃临洮）、北地（今甘肃庆阳西北）、上郡（今陕西榆林东南）、朔方（今内蒙古伊盟西北）、云中（今内蒙托克托）五郡，称为五属国，允许他们保留自己的风俗习惯。

霍去病败匈奴，对河西地区经济恢复与发展也有一定作用。

霍去病墓前石雕石刻人与熊

李广利降匈奴

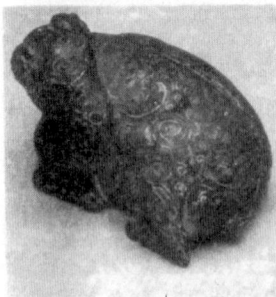

错金饰铜羊，西汉北方草原游牧民族特点的青铜文物。

征和三年（前90年）李广利奉命率军出击匈奴。不久，他与丞相刘屈牦谋立昌邑王之事被人告发，丞相被腰斩，其妻也被捕下狱。李广利得知这一消息非常惊恐，想要冒死去求功赎罪，就派遣护军将二万骑兵渡郅居水，与匈奴左贤王、左大将的二万骑兵交战。汉军奋勇拼杀，杀死匈奴左大将和众多匈奴骑兵。这时，汉军长史暗中察觉到李广利怀有异心，就与辉渠侯密谋一起共俘李广利，李广利发觉后将长史处斩，并引兵撤退。匈奴单于亲自率领五万骑兵前来阻击。双方交战，死伤无数。到夜晚时，匈奴兵发动突然袭击，汉军大败，李广利兵败后投降匈奴。汉武帝听到这一消息，下令诛灭李广利宗族。

赵充国击西羌

神爵元年（前61年）义渠安国来到羌中，召先零羌豪30余人，以不顺从汉朝之罪将他们斩杀。又纵兵击杀其种人1000余人。于是先零羌侯杨玉率诸羌叛乱，攻城邑，杀长吏；义渠安国为羌人所击，丢失大量车马兵器。汉遣后将军赵充国率兵迎击，六月，到达金城（今甘肃兰州西北）。赵充国用兵持重，行军常派兵侦察敌情，行必为战备，止必坚营壁，爱惜士卒，先计而后战。赵充国率兵至金城后持重不战，欲以分化瓦解诸羌。当时酒泉太守辛武贤上书宣帝，建议出兵张掖、酒泉，合击罕、开（皆西羌种）。宣帝交公卿议论，公卿以为：先零兵盛而恃罕、开之助，不先破罕、开，则先零不可图。于是，宣帝拜许延寿为强弩将军、辛武贤为破羌将军，率兵击罕羌。又令

石头城遗址。帕米尔高原上出现的最早国家，大约是二至三世纪建立的褐盘陀国。

赵充国引兵并进。赵充国上书分析形势，认为先去罕羌，先零必助之。现在羌人马肥粮足，击之恐不能取胜，反使先零得施德于罕、开，促使他们更坚其约，合其党，兵力更加强大。这样，要攻灭他们，必然旷日持久，事倍功半。所以建议先击先零，则罕、开之属可不烦兵而服。宣帝以为善，于是赵充国率兵进至先零驻地，先零羌人见汉军至，仓皇出逃。赴水溺死者数百，投降及被斩杀者500余人。汉军获得马、牛、羊十万余头，车4000余辆。先零已破，罕羌豪靡忘派使者表示，愿得还复故地，后又亲自来归。于是，罕、开竟不烦兵而下。

刘縯刘秀起兵

刘縯，字伯升，是南阳舂陵的一个大土豪，胞弟刘秀。他们兄弟是汉宗室，既富有资财，又广结豪侠，目睹天下大乱，早有所图。地皇三年（22年），绿林军新市兵、平林兵进至南阳，宛县人李轶、李通分别邀刘縯、刘秀商议起兵之事，以"刘氏复兴、李氏为辅"的谶言劝说他们起事。随后刘縯、刘秀联合，很快聚拢豪强子弟七八千人，称汉军；派族人联络新市、平林兵，共同攻下棘阳。从此，刘氏兄弟以反莽为旗帜，走上了利用农民起义以复兴汉室、争夺帝位的道路。

刘秀败莽军主力于昆阳

更始元年（23年），绿林起义军已发展到十多万人，起义军攻南阳、占昆阳（今河南叶县）、下定陵（今河南舞阳），节节胜利。王莽对此惊恐万分，他派大司马千寻、大司空王邑率领各州郡精兵四十二万，号称百万，向宛城进发，妄图一举歼灭起义军。五月到达颍川，与严尤、陈茂的军队会合，然后直逼昆阳，把昆阳城包围起来。城内起义军仅八、九千人，力量单薄，但他们毫不畏缩。首领王凤、王常一面率众坚守阵地，一面派刘秀、宗佻、李轶等十三轻骑乘夜出城到定陵、郾城等搬请救兵。六月，刘秀等人集中万余起义军增援昆阳。援军在距莽军四、五里的地方列成阵势，准备交战。刘秀仔细观察敌军阵势后，决定先发制人。他亲自率领步、骑一千人作为前锋，向敌军猛烈冲杀过去，击溃莽军调来迎战的一千余人。首战告捷，将士们大受鼓舞，准备乘胜前进。此时宛城已被义军攻破，但刘秀还没有得到消息。为了鼓舞士气，瓦解莽军，刘秀就制造了攻克宛城的捷报，射入城中，又故意将一些战报丢失，让莽军捡拾。攻克宛城的消息一经传开，城内起义军士气更加高涨，守城更加坚定，而莽军苦战一月，毫无进展，又听说宛城已经失守，士气更加低落。刘秀抓住战机，进行决战。他挑选三千勇士组成敢死队，迂回到城西，出其不意地渡过昆水，向莽军中坚发起猛烈攻击。王邑、王寻见起义军不多，亲率万余莽军迎战，并命令其余各军不许擅自行动。莽军接战不利，大军又不敢擅来相救；

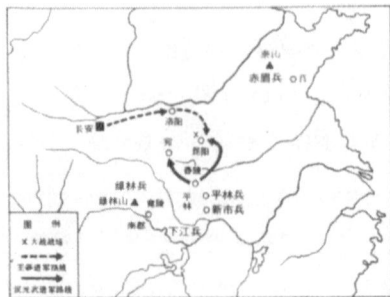

昆阳之战形势图

王邑、王寻军阵大乱，王寻被杀。守城义军也乘势杀出，内外合击，喊杀声震天动地。莽军全线崩溃，奔走践踏，伏尸百余里。这时又逢狂风暴雨大作，屋瓦皆飞，雨下如注，逃窜的莽军赴水溺死者又有万余人。起义军尽获其辎重，不可胜数。莽军四散逃走，只有王邑带领的长安兵几千人逃回洛阳。

昆阳之战从根本上摧毁了王莽的主力，取得了西汉末年农民起义的决定性胜利。

刘秀巡河北·击王郎、铜马

更始元年（23年）至更始二年（24年）刘秀借更始帝刘玄派他巡河北之际，打垮了王郎、铜马部队，壮大了个人势力。

更始元年（23年）十月，更始帝刘玄不顾一些将领的反对，派刘秀以破虏将军行大司马事的名义，持节渡河北上，镇抚诸郡。刘秀进入河北后，所过郡县考察官吏，黜陟能否，释放囚徒，废除王莽苛政，复汉官名，吏民喜悦，争持牛酒迎劳，但刘秀一概不受。南阳人邓禹追刘秀至邺，进说刘秀延揽英雄，收拢人心，恢复刘氏基业，安定天下。刘秀留下邓禹与定计议。更始二年（24年）正月，刘秀因王郎新盛，便北徇到蓟，但于二月遭到王郎与前广阳王之子刘接的联合反击。刘秀狼狈南逃，进退失据，直到退至信都后才算安定。既入信都，刘秀便以此为根据地，重新打出大司马的旗帜，号召附近的郡县，募兵四千人。他亲率四千人出击，占领堂阳、贳县。同时又派遣使节，连络王莽的和戎卒正（即太守）邳肜、昌城人刘植、宋子人耿纯，合兵攻陷下曲阳，很快兵力发展到数万人。刘秀随即带领这些部队北击中山，拔卢奴。同时号召各郡县发兵，共击王郎。郡县也多起而响应。于是连陷新市、真定、元氏、防子等地，接着与王郎的大将李育在柏人发生了遭遇战。正在这个时候，上谷太守耿况，渔阳太守彭宠，各派他们的将领吴汉、寇恂，带领大队骑兵赶来，更始也

派遣尚书仆射谢躬带兵来讨伐王郎。于是刘秀大飨士卒，连兵围巨鹿，大败王郎之兵于南絲，随即进围邯郸，拔其城，捕斩王郎。

刘秀既斩王郎，声势大震于河北。刘玄怕他尾大不掉，便封他为萧王，令他罢兵回到长安。但刘秀自从兄长刘縯被刘玄杀掉以后，即下决心独树一帜，以求实现自己的政治抱负。如今既入河北，又如何愿意再回长安，自投罗网？加之他的部下怂恿，劝他自取天下，于是对刘玄托辞说河北尚未平定，不奉诏命。从此脱离刘玄的控制，而与之对立。

刘秀既然立志创造帝业，所以毫不犹豫地开始了屠杀农民军的行动。更始二年五月，刘秀拜吴汉、耿弇为大将军，持节发幽州十郡突骑以击铜马军。更始帝委任的幽州牧苗曾闻讯，暗中指示诸郡不得应调。吴汉、耿弇便斩掉苗曾，使幽州震骇，迫使诸郡都发兵相助。同年秋天，刘秀亲统大军击铜马于鄡，又命吴汉带领突骑会于清阳。铜马军粮草用尽，乘夜突围。刘秀大军追至馆陶，大加屠杀。正当此时，高潮、重连等部农民军从东南来，和铜马的余部会合，与刘秀大战于蒲阳。结果，因高潮、重连等农民军领袖背叛群众，大部分兵士，都被骗而改编为刘秀的创业之军。从此，刘秀便拥有数十万军队，一步步接近了皇帝的宝座。

刘秀称帝·定都洛阳

刘秀，字文叔，南阳蔡阳（今湖北枣阳西南）人。新莽地皇三年（22年），刘秀与其兄刘縯在春陵起事，聚众约七八千人。不久与平林、下江农民军合兵，想借农民起义力量恢复汉室。第二年，刘秀迫于形势拥立另一皇族刘玄为更始帝，自己任更始政权太常、偏将军。昆阳之战中，刘秀突围召集援兵大败新莽军队，立有大功。更始二年（24年），消灭据邯郸称帝的王郎，被封为萧王。同年秋天，击降并收编黄河以北地区的铜马、高湖、重连等部农民军，实力大大扩充，众至数十万，并基本据有河北之地。至此，刘秀开始脱离刘玄的更始政权，走上与之公开对立的道路。同年岁末，刘秀南下击破赤眉军一部及青犊、上江、铁胫等部农民军，并消灭更始政权驻守河北的谢躬军，又派邓禹西征，乘赤眉军和更始帝军激战之机，从中渔利。更始三年（25年）正月，刘秀留寇恂、冯异等据守河内与更始政权留守洛阳的朱鲔相持，自己统率大军北征，击溃尤来、大枪、五幡等部农民军。四月，回军南下，大败新市、平林两军于温县，击溃赤眉、青犊两军于河南，基本解除了对河北的严重威胁。此时，刘秀手下的将领开始商议为刘秀上尊号，并使人造《赤伏符》以传"天命"，刘秀装模作样"三推"之后，便"恭承天命"，即皇帝位于鄗，改鄗为高

汉光武帝像

邑，自号为光武帝，建元建武。七月，派兵围攻洛阳，十月招降洛阳守将朱鲔，于是定都洛阳，正式建立了东汉王朝。

刘秀击破赤眉军

建武二年（26年）十一月至次年正月，刘秀派将军冯异进入关中地区讨伐赤眉军，赤眉军伤亡惨重，大势尽失。建立东汉王朝后首要的任务就是消灭农民起义军。而当时赤眉军力量最大，刘秀派大军包围赤眉军的根据地长

东汉铜出行车马仪仗

安，逼走赤眉军，同时派大将邓禹追击，却被赤眉军打败。建武三年（27年），刘秀派冯异为征西大将军，再次率领大军向赤眉军进攻。冯异出发后不久，便与邓禹以及车骑将军邓弘相遇。邓禹等要求冯异立即攻击赤眉军，但冯异不同意，劝邓禹对赤眉军一是要以恩信相诱，二是分东西两面夹击。邓禹不听，令邓弘率军与赤眉军大战，结果邓弘大败。冯异与邓禹合军救邓弘，赤眉军才稍退。冯异认为士卒饥乏，应暂时休兵。邓禹不听，再战，又败，死伤三千余人。邓禹逃往宜阳，冯异弃马与部下数人逃回营，坚壁自守。后冯异又召集诸营保兵数万人，与赤眉军约期再战。冯异让一些士兵先换上赤眉军的服装，埋伏起来。早晨，赤眉军一万人攻击冯异军的前部，冯异仅以少量兵力抵抗，赤眉军以为冯异军势弱，于是全军出击。冯异见状纵兵大战。到了黄昏，赤眉军难分敌我，阵脚大乱。于是冯异军进攻，大破赤眉军于崤底（今河南渑池县西南），赤眉军男女八万人投降。赤眉军残部逃至宜阳（今河南宜阳西），刘秀亲率大军严阵以待，赤眉军无力抵抗，派刘恭乞降，刘秀允准，于是赤眉军所立之帝刘盆子及丞相徐宣以下三十余人俱投降，余部从之。至此，赤眉军势力基本被剿灭。

赤眉起义虽告失败，同时也不可避免地成为了封建统治者改朝换代的工具，但它与绿林起义一同推翻了王莽的黑暗统治，缓解了当时的土地、奴婢关系，推动了东汉初社会经济的发展。

马援破先零羌参狼羌

东汉前期散布于西北部的羌人时常发动叛乱。建武十一年（35年）夏，光武帝刘秀任命马援为陇西太守，马援派骑兵3000人，在临洮（今甘肃泯县）击败先零羌，斩首级数百，获马牛羊过万，守塞诸羌8000余人降汉。当时，先零羌诸种尚有数万人，马援和扬武将军马成深入讨击，大破诸羌，斩首1000多人。汉将投降的羌人迁至天水、陇西一带定居。建武十三年（37年），武都参狼羌与塞外诸羌联合作乱。马援率军讨伐。在氐道（今甘肃天水市西）与诸羌相遇。

羌人墓葬。羌族与氐族是秦汉前青藏高原的主要居民，图为四川汶川县的羌人墓葬。

羌人因缺水少粮不得不逃出塞外，10000余人投降东汉，从此，陇西太平。马援击败先零羌、参狼羌，维护了陇西地区的安宁，促进了当地的经济发展和民族融合。

班超经营西域

建初三年（78年），班超上疏请求发兵，准备平定西域诸国。建初五年，以徐干为假司马，率驰刑徒及义从（自愿从行者）兵1000余人支援班超。班超在援军支持下，首先击破番辰。元和元年（84年），班超派疏勒、于阗兵进攻莎车，但莎车却以重利引诱疏勒王忠叛变。元和三年疏勒王忠被处死，南道障碍扫除。章和元年（87年），班超又联合于阗击败莎车。永元二年（90年）五月，大月氏趁汉、匈主力正在塞外角逐之机，派70000军队由谢率领向班超进攻。班超坚定沉着、坚壁清野、以逸待劳，使爬越帕米尔高原远道而来的大月氏军队攻城不下，又无所劫掠，同

东汉铜弩

时，班超又派一军埋伏于去龟兹的东界路上，大月氏粮尽，谢果然派兵持金银珠玉去龟兹求救，结果被班超所埋伏的军队击杀，谢得知后大惊，只好向班超请罪，求得生还。从此，大月氏岁岁向汉朝进贡。

北匈奴及大月氏的失败，使西域反汉势力失去靠山，永元三年（91年），龟兹、姑墨、温宿都向班超投降。东汉政府委任班超为西域都护。永元六年（94年），焉耆、危须、尉梨等地臣服于汉。至此，西域50余国尽纳入东汉版图。

班超经营西域，为西域的开发，促进中原和西域的联系，维护祖国统一作出了贡献。

班超击破月氏·任西域都护

当窦宪率军征伐匈奴之时，班超在西域也与大月氏展开激战。大月氏曾因求汉公主未得准许，遂与汉朝结怨。永元二年（90年）五月，趁汉、匈主力正在塞外角逐之际，月氏派七万军队由副王谢率领向班超进攻。面对气势汹汹、数量众多的敌军，班超坚定沉着，采取以逸待劳、坚壁清野的战术，使爬越帕米尔高原远道来攻的月氏军队攻城不下，而又无所抄掠。同时，班超又派一支军队埋伏在去龟兹的东界路上。月氏粮尽，谢果然派兵持金银珠玉去龟兹求救，结果给班超的伏兵击杀，谢得知后大惊，连忙向班超请罪，求得生还。从此，大月氏年年向汉朝进贡。再不敢向东滋扰，而转向南方印度发展。

北匈奴和大月氏的失败，使西域的反汉势力失去靠山，长期与汉为敌的龟兹、姑墨等国也向班超投降。永元三年（91年），东汉朝廷委任班超为西域都护驻龟兹它乾城，又置戊校尉，居车师前部高昌壁，西域又重归于汉。

班超像

关羽奔刘备

汉代驿亭（即兰亭），汉代在此设驿亭，由此得名兰亭，是汉代遗留的最早驿亭遗迹。

建安五年（200年）正月，曹操猛攻据守徐州的刘备，大破刘备军，刘备逃奔袁绍，而他的大将关羽却被曹军俘获。曹操对关羽优礼有加，想使他归附自己，但关羽并无留意。曹操便派张辽探询关羽的打算，关羽表白道，他深受刘备知遇之恩，并发誓以死相报，因此决不会背叛刘备。至于曹操对他的厚待，关羽表示可以立即出战立功作为报答。当年四月，袁绍派大将颜良攻曹操军于白马（今河南滑县东北），曹操派大将张辽和关羽一道反击。关羽望见颜良的麾盖，便策马冲向敌军，于万军之中斩颜良首级而还，敌军惊退，白马之围遂被解除。关羽斩颜良之后，上书曹操告辞，自己径奔刘备去了。自此，关羽的忠义之名更加远播。

曹袁官渡大战

200年，曹操、袁绍间发生了一场决定性大战——官渡（河南中牟东北）之战。

曹操、袁绍是当时北方势力中最大的两个政治集团的领袖，二人决战势在必然。袁绍有军队数十万，后方巩固，兵精粮足。而曹操能用以抵抗袁绍的军队仅一二万人，且所居之地久经战乱，物资供应远不丰富。200年2月，袁绍遣谋士郭图、大将颜良进军白马，围攻曹操的东郡太守刘延，自己亲率大军进至黎阳，准备渡河直捣许都。决战中，曹操充分表现了自己的军事才能。他先是采用声东击西之计，斩大将颜良，解白马之围。然后诱敌深入，又于延津之战中大败袁军，斩大将文丑。初战胜利后，曹操主动撤兵，退屯官渡，深沟高垒，坚壁不出，等待战机，如此阻扼袁绍十万大军达半年之久。十月，袁绍谋士许攸投奔曹操，透露了袁绍新近在乌巢（今河南延津东南）屯积万余车粮草辎重的情况，并建议曹操出奇兵偷袭乌巢。曹操闻听大喜，亲自率步骑五千人打着袁军旗号，乘夜奔袭乌巢。半夜时分，曹军赶至乌巢，四面点火，围攻袁军大营，守将淳于琼出战不利，退守粮屯，等待援军。乌巢离袁绍大营仅四十里，但袁

官渡之战遗址

绍得知曹操亲自率兵偷袭乌巢，认为这正是攻破曹操大营的好机会，便派大将军张郃、高览等进攻官渡曹军大营，只派少数轻骑往救乌巢。在乌巢，曹操督军继续猛攻，曹军将士都殊死奋战，终于大破淳于琼军，阵斩淳于琼，烧其粮草辎重万余车。乌巢一仗，决定了官渡之战的胜负，至此袁绍败局已定。袁绍攻曹操官渡大营未下，乌巢败讯已经传来。袁军将领张郃、高览等见大势已去，投降曹操，袁军顿时全线崩溃。曹操乘势出击，大败袁军，消灭袁军七八万人，缴获大批

官渡之战示意图

珍宝、图书、辎重等物，袁绍与其子袁谭仅带八百余名亲兵逃过黄河。

官渡之战，曹操以弱胜强，一举消灭袁绍的主力，为他统一北方奠定了基础。

曹操屯田

建安元年（196年），曹操采纳枣祗、韩浩的建议，于群雄内第一个推行屯田制，在许下大规模屯田。

执锄陶俑，是一农民形象的真实写照。

曹操在参与镇压起义军的过程中，俘虏了大批黄巾军民并拥有大量土地和耕牛，具备大规模屯田所需的条件。许下屯田的当年，得谷百万斛，获得巨大成功，于是曹操下令在各州郡置田官，随处屯田积谷，屯田制迅速推广到中原各地，每年收获谷物千万斛，解决了军粮问题。

民屯是曹操屯田的主要形式，由设在中央的大司农及地方上的典农校尉、典农都尉等官员进行分级管理，最基本的单位是"屯"，每屯50人，设有屯司马管理屯田事宜。屯田民是国家佃客，以四六分（用官牛的，官得六分）或对分（不用官牛的）向国家缴纳实物地租，但不负担另外的徭役。

为了保证统一战争的需要，曹操还创办了军屯，在边境和军事要地，以军士耕种，由中央派司农校尉专掌诸军屯田，其下按军队原有的军事编制系统进行管理，最基层的单位是"屯营"，每营60人。军屯的无偿劳役制，所得谷物就地充当军粮。军屯兵士束缚较严且屯兵身份世代相传，成为军户，如果兵士逃亡将罪及妻子。

曹操实行的屯田制，虽然是强制劳动，剥削率也高，但屯田积谷使北方的农业经济得以恢复，结束了东汉以来农民与土地分离的情况，农民又以国家隶属农民的身份和土地重新结合。曹操屯田，加强了他的政治经济力量，为其在三国逐鹿中争取了优势，并为其统一北方霸业奠定了坚实的经济基础。

受曹操屯田的影响，后来的孙吴、晋也进行过屯田。西晋时，北方的屯田只保留军屯方式，南方的屯田则一直延续到东晋南朝，但规模都不大。

曹操平定关中

建安十六年（211年）三月，曹操命司隶校尉钟繇征讨汉中郡（今陕西汉中东）张鲁。进兵汉中必经关中，于是钟繇进兵关中。当时关中（古称幽谷关以西为关中，古幽谷关在今河南灵宝东北）诸将各据一方，而其中以马超、韩遂二

南京古石头城遗址，孙权曾在此依山筑城，因江为池，与曹操、刘备形成三足鼎立之势。

股势力最强。关中诸将以为钟繇将要袭击自己，一时俱反。马超、韩遂、侯选、程银、杨秋等十将合兵十万，屯据潼关（今陕西潼关县北），阻挡曹军进关。七月，曹操派曹丕留守邺城，亲率大军赶赴潼关前线。八月，曹军兵至潼关，与马超等军夹关对峙。曹操见潼关一时难以攻下，暗中派大将徐晃、朱灵先渡过黄河，然后接应全军北上渡河进击。曹军渡过渭河后，在渭南安营与马超等军对峙。马超等慑于曹军声威，请求割地求和，曹操不许。马超率军来战，曹操又坚守不出。不久，马超等再次求和。曹操假意许和，使用分化瓦解之计，离间关中诸军。时机成熟后，曹操出兵与关中军决战，大破关中诸军，阵斩关中将成宜、李堪等人。马超、韩遂、杨秋逃离关中，杨秋投降。十二月，曹操留大将夏侯渊驻长安镇守关中，自己率军回师。至此，曹操完全平定了关中。

曹操治魏

建安二十一年（216年）五月，魏公曹操进封魏王，继续担任丞相，领冀州牧。曹操在外抗孙、刘政权的同时，对魏国内部加强统治。曹操在建安年间三次下令申明唯才是举，勿拘操行。第一次是210年春颁布《求贤令》，第二次是214年十二月发布《取士毋废偏短令》，第三次是217年下达《举贤勿拘品行令》，指出即使"不仁不孝而有治国用兵之术"的，也应"各举所知，勿有所遗"，因此网罗了大批人才，文学也得到了发展，出现"建安七子"。曹操还广泛地屯田，开展农业生产，获得了与孙刘相持的重要物质基础。同时，曹操还用强硬手段镇压了数次起义。建安二十三年（218年）正月消灭少府耿纪、太医令吉本、司直韦晃的起兵；同年十月消灭侯音的聚众造反；建安二十四年（219年）九月，诛杀谋反的魏讽。每次镇压都牵连众多。在曹操的治理下，国家得到安定，生产继续发展，使魏一直处于三国中最强的政治地位。

蜀道古桥，四川剑门关北的古石桥，是蜀道上现存较完整的三孔石砌桥，具有山区桥梁厚墩粗犷的特点。

诸葛亮严令治蜀

刘备于建安十九年（214年）闰五月进驻成都后，诸葛亮辅佐刘备治理蜀地，法度严明。法正对诸葛亮说：过去汉高祖进入函谷关，曾与民约法三章，秦朝的百姓十分爱戴他。现在我希望您能减轻刑法，放松禁令，让这里的老百姓也能感恩于你。诸葛亮解释说：秦朝法令太严苛了，使百姓怨气冲天，汉高祖用刑松驰，可以济大事。而刘璋昏庸懦弱，不施行德政，也不严肃法令，使国家混乱无序。现在必须采取严明的法度，使奖惩分明，善恶各得其所，才可以奖善惩恶，才可以"荣恩并济，上下有节"。诸葛亮以严治蜀后，果然蜀地社会安定，生产加速发展，人民安居乐业，国事渐渐强大，蜀地的经济、政治、文化面貌一时焕然一新。诸葛亮严令治蜀，为蜀国日后的发展做出了贡献。

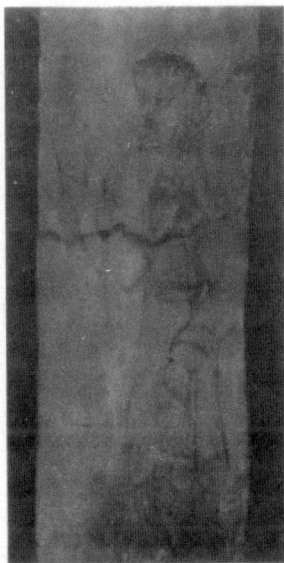

东汉木板画羌人图

周瑜、鲁肃相继去世

三国故事绘画。图为明人绘的《关羽擒将图》。

建安十五年（210年），周瑜在巴丘（今湖南岳阳）病死。周瑜（175年—210年），字公瑾，庐江舒县（今安徽舒城）人，是江东名将，为人恢宏大度，很得人心，又精通音乐，当时有"曲有误，周郎顾"之谣。他出身世族官僚家族。孙策起兵平定江东时，周瑜率兵相助，随孙策东征西讨，连破强敌，为江东立下了汗马功劳。建安十三年，周瑜为前部大督，与刘备联军在赤壁大破曹军，建立奇功。建安十五年，周瑜准备进取益州（今四川成都），兵未发，因病而死，年36岁。临终之时荐鲁肃代自。孙权恸哭周瑜英年早逝，说："公瑾有王佐之资，今忽短命，孤何赖哉！"

建安二十二年（217年），江东鲁肃病死。鲁肃（171年—217年），字子敬，临淮东城（今安徽定远东南）人。出身世族家庭，家富于财，他性好施舍，很得人心，后因周瑜举荐，归附孙权。鲁肃是一个相当有远见的政治家、军事家，曾劝孙权结好刘备，共抗曹操。周瑜死后，鲁肃代周瑜领兵，又与刘备大将关羽争夺荆州，并会见关羽，义正辞严地责备刘备失信，终于得与刘备中分荆州。鲁肃屡建功勋，为一时名将，建安二十二年病死，年46岁。

关羽败走麦城

建安二十四年（219年）十月，江东大将吕蒙乘关羽与樊城守将曹仁对峙之时偷袭荆州，攻占了关羽的大本营江陵。关羽面面受敌，急忙从樊城撤兵西还，驻扎在麦城。吕蒙采取分化瓦解的策略，使关羽的将士无心恋战，逐渐离散。关羽孤立无援，坚守麦城。孙权派人诱降关羽，关羽

洛阳市关林。相传为三国蜀将关羽首级埋葬地。历代封建君王为宣扬忠君思想，追封关羽"帝君"、"关圣"，故此地被称为"关林"。

伪称投降，在城头立幡旗，假做军士，自己却逃走，只有十多骑跟随。孙权派朱然、潘璋断了关羽各路途。在章乡捉获关羽和其子关平，随即处死。

关羽（？—219年），字云长，河东解县（今山西临猗西南）人。他勇猛善战，时称"万人之敌"。他曾随刘备东征西讨，屡建战功。建安五年（200年），曹操大败刘备，俘虏关羽，对关羽百般优待，爱惜关羽勇武，曾流传"上马金，下马银"之说，并封其为汉寿亭侯，但关羽始终不为所动，伺机逃归刘备，刘备对关羽极其倚重，常派关羽镇守战略要地，独挡一面。建安二十四年，关羽进攻樊城，曾水淹于禁七军，军威大振，威镇华夏，曹操曾议迁都之事以避其锋芒。后因江东吕蒙施巧计袭破他镇守的荆州，使关羽进退失据而兵败被杀。

刘备称帝

蜀章武元年（221年）四月，汉中王刘备在成都改元称帝。

魏黄初元年（220年）十一月，曹丕称帝后，蜀中传闻汉献帝刘协已被杀害，身为皇室的刘备于是发丧制服，追尊刘协为孝愍皇帝。事后，刘备部下争着说符瑞，纷纷劝刘备即帝位，刘备没有答应。军师诸葛亮上言，认为如果不听从大家的建议，恐怕人心离散。于是刘备才同意，并让军师诸葛亮、博士许慈、议郎孟光设定礼仪，选择吉日良辰，上了尊号。前部司马费诗进言，说刘备"大敌未克而先自立"，"未出门庭，便欲自立"。刘备很不高兴，便将费诗贬为益州刺史部永易从事。魏黄初二年（221年）四月六日，刘备在成都即皇帝位，此即汉昭烈皇帝、蜀先主。因为他以兴复汉室为己任，所以国号仍为汉，改元章武。因仅有益州一隅之地，又称"蜀汉"或"季汉"。刘备以诸葛亮为丞相，许靖为司徒。设置百官，建立宗庙，祭祀先帝。五月十二日，刘备立夫人吴氏为皇后，立儿子刘禅（阿斗）为太子。娶车骑将军张飞的女儿为皇太子妃。

孙权向魏称臣

建安二十四年（219年），刘备攻取汉中，关羽又自江陵北伐，在樊城围攻曹操守将曹仁。在这种形势下，曹魏派遣使者去同孙权结盟，而孙权也对刘备久借荆州不还感到不满，所以听取部将吕蒙的建议，袭击江陵，斩杀关羽。刘备为此大怒，气势汹汹起兵攻吴。在这紧急关头，孙权连忙派使者于魏黄初二年（221 年）八月到魏国，卑辞奏章，主动称臣，并送还了魏将于禁。魏国朝廷都互相庆贺，独有侍中刘晔认为：孙权这时求降，自是因为刘备兴师攻伐，吴害怕魏乘机渔利，才主动求和。这样做，一方面可以解除魏的威胁，一方面又可以借与魏亲好来增加自己打击蜀国的筹码。因此刘晔劝曹丕乘机袭吴，吴亡后蜀也就难以久存。曹丕不听。十九日派遣太常邢贞带着封孙权为吴王的文书前往东吴，并加九锡。十一月，邢贞到吴国，吴人认为孙权应称上将军、九

汉昭帝刘备像

州伯，而不应当接受魏国的封号。孙权不听，受了封。吴国将士大多愤愤不平，中郎将徐盛更是涕泣横流。邢贞听说了这些事，觉得江东将相不会甘心久居人下。当月，孙权派中大夫赵咨到洛阳答谢。曹丕又派人到吴国求取雀头香、大贝、明珠、象牙、犀角、玳瑁、孔雀等物，吴臣认为这些东西不是本地出产，不符合进贡的惯例，因而不应该给他。孙权则说，现在正是有求于人家的时候，送点珍玩之物算不了什么。十二月，曹丕打算封孙权的儿子孙登为万户侯，孙权以孙登年幼为由，上书推辞，并派西曹椽沈珩前往答谢。曹丕探询吴是否有将太子孙登送入魏国当人质的想法，沈珩说没有。可见，吴国当时曲意逢迎魏国，自然是权宜之计。

孙权称帝

　　吴黄武八年，黄龙元年（229 年）四月十三日，孙权在武昌称帝（即吴大帝），改元黄龙。

　　孙权自建安五年（200 年）继其兄孙策的事业，便成为江东一方之主。

孙权像

魏、蜀相继称帝以后，孙权因迫于形势，曲意事魏。孙权在武昌南郊即皇帝位时，因夏口（今湖北武汉）、武昌（今湖北鄂城）都传言黄龙、凤凰出现，于是改元黄龙，立国号为吴，大赦天下。追尊孙坚为武烈皇帝，孙策为长沙桓王，立子孙登为皇太子。九月，孙权迁都建业（今江苏南京）。

孙权称帝，是三国鼎立局面正式形成的标志。三国之中，尽管孙权称帝最晚，但从割据江东起计算，却是历时最久的。

刘备托孤于白帝城

白帝庙

蜀章武元年（221年）七月，刘备为替关羽报仇，倾全国兵力愤而攻吴。次年在"猇亭之战"中被吴将陆逊打败，逃至白帝城。刘备忧愤交加，而至发病不起。到蜀章武三年（223年）三月，自知不久于人世，便召丞相诸葛亮从成都来白帝城领受遗命。当时刘禅年仅16岁，还不能独立主事，又因诸葛亮忠心耿耿，睿智过人，所以刘备诏命诸葛亮一心辅助后主刘禅，兴复汉室，完成统一大业。同时嘱后主刘禅要像对待自己的父亲一样对待丞相诸葛亮，修身方面应做到"勿以恶小而为之，勿以善小而不为"，安排好后事后，四月，刘备抱恨而逝，终年63岁，被追尊为昭烈帝。

诸葛亮总结其军事思想

　　三国时著名的军事家诸葛亮，为蜀汉的建立及与曹魏、孙吴三分天下立下了汗马功劳。他一生征战南北，以善于用兵名闻天下。他撰有《兵法》五卷，总结其军事思想，可惜今天这些著作已遗佚。现存两部题名为诸葛亮撰的兵书《将苑》和《便宜十六策》，在论将、治军，用兵方面都有独到之处，在一定程度上反映了诸葛亮的军事思想，至今仍有很好的借鉴作用。

　　诸葛亮在《将苑》一书中主要论述对将帅的要求和将帅的作用。他指出，将帅必须始终掌握好兵权，指挥军队才能得心应手，否则就会像鱼儿离开了江湖，无所作为。因此，他主张慎重用将，选派将领时应该依据各人能力大小加以应用，不能不加区别胡乱遣将。在《将苑·将才》中，他列举了九种类型的将才，即仁将、义将、礼将、智将、信将、步将、骑将、猛将、大将。这九种将各有特点，要根据个性特征加以任用，以最大限度发挥各自的聪明才智。

成都武侯祠

　　诸葛亮还十分重视将帅的品德修养和能力养成，认为一个合格的

古隆中，诸葛亮在此向刘备提出统一全国的谋略，即著名的《隆中对》

将帅应该"贫贱不能移，富贵不能淫，威武不能屈"；善于用兵，把握敌我形势，运筹帷幄；还应刚柔相济，即具备"将志""将善""将刚"三个条件。另外，对将帅的模范作用，诸葛亮也极重视，他告诫将帅要以身作则，切忌贪得无厌、妒贤嫉能、犹豫不决等八种弊病和骄吝习气，避免谋不能料是非、政不能正刑法等八种不良现象，努力做一个善将，而不要成为庸将。

三国铜弩机。相传诸葛亮曾加以改进。

诸葛亮在历史上以善于治军而闻名。在《便宜十六策·治军第九》中，他将治军同国家安危联系起来，充分表现了他对治军的重视。他认为治军要重训练，以"教令为先"。训练包括军事技能和思想教育两方面，通过对士兵目、耳、心、手、足五个方面的专门学习（即《便宜十六策》中所说的"五法"），让他们掌握作战的基本知识和本领，使他们在军事技能和思想上得到基本训练，建立一支训练有素的队伍。为了达到这一目标，诸葛亮不仅在理论上，也在实践中强调以法治军，严明赏罚，从严治军，"赏赐不避怨仇，诛罚不避亲戚"，为后世树立了从严治军的榜样。

有了良好的将才和训练有素的军队，诸葛亮也注重谨慎用兵。他在《便宜十六策》中论述了用兵的一般原则，说"用兵之道，先定其谋"，主张在用兵之前做好谋划，并严守机密，知己知彼，有备而战，严格选将用兵。在实战中要求速战速决，进攻要快；在具体的作战方法上，诸葛亮在《将苑·战道》中，针对不同地形提出五种作战方法，此外，他还非常注意对作战对象的研究，提供不同的作战对象应有不同的应付方法和作战方式。这种研究战争的方法颇为可取。

诸葛亮在选将、治军、用兵等方面的军事经验，至今仍值得借鉴。《将苑》和《便宜十六策》所反映的诸葛亮军事思想，代表了三国时期军事思想的发展水平，在继承前人思想的同时有不少发展和创新，是中国古代军事思想宝库中不可缺少的组成部分。

石勒称帝·建立赵国

后赵建平元年（330年）九月，石勒称帝。永嘉六年（312年）石勒领军攻占襄国、冀州等周围郡县，被汉王刘聪任命为"都督冀、幽、并、营四州诸军事"的"冀州牧"，又封为"上党公"。石勒开始以襄国为据地屯积粮草，招兵买马，图谋大业。建兴二年（314年），石勒在幽、冀诸州清点人口，征收租赋，但比西晋所

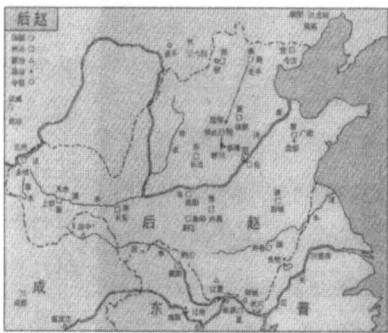

后赵疆域图

征减轻一半。太兴二年（319年），石勒称王，下令禁止酿酒，郊祀宗庙时用醴代酒。又派遣官吏巡视各州郡，劝课农桑。规定劝课农桑的成绩较好者，赐爵五大夫。因此中原农业生产得以逐步恢复，石勒势力强大起来，国境也不断扩大。咸和五年、后赵太和三年（330年）二月，后赵群臣请石勒即皇帝位，于是石勒自称大赵天王，行皇帝事，立世子石弘为太子，立妃刘氏为王后。任命另一子石宏为骠骑大将军、都督中外诸军事、大单于，并封为秦王；任命石虎为太尉、尚书令，封为中山王。同年九月，石勒正式称皇帝，改元建平，以石弘为皇太子，其他文武大臣都封赏有差。

石勒继位后，下诏命令公卿以下官员每岁举选贤良方正，以广求人才。又继续实行九品官人制度。又在襄国设立太学、小学，选取将佐豪右子弟入学教育，在各郡国设置学官，每郡派博士祭酒一人，收弟子150人，授以儒学经典。从此后赵国力大增。全盛时期，其管辖境地南逾淮河，东滨大海，西至河西，北接燕、代。除辽东慕容氏、河西张氏外，北方地区尽属后赵，隔淮河与东晋对峙。

石勒病逝·石虎摄政

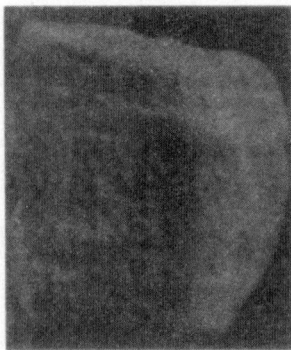

西安出土后赵砖

后赵建平元年（330年）二月，石勒称天王，立弘为太子，封弘弟石宏为大单于，任命石虎为太尉、守尚书令、中山王。石虎，名季龙，石勒之侄。性残嗜杀，骁勇善战，助勒建赵，功勋卓越。他对石勒分封官职十分不满，便对儿子石邃说："大赵江山是我一手打出来的，大单于应当是我，却居然授给黄吻婢儿，想到此事就令我气愤，寝食不安！等到主上晏驾殡天以后，我一个也不留他。"

建平三年（332年）四月，石仆射程遐见石虎父子势力强大，难以防范，便劝石勒除掉石虎。石勒不答应。后程遐联络中书令徐光共同上书，说石虎父子"并据权位，势倾王室，而耿耿常有不满之心"，"臣恐陛下万年之后，不可复制也"。于是石勒开始限制石虎权力，令程遐总执朝政，让太子石弘监督省视尚书奏事，又命中常侍严震参与尚书决策。石虎更加怏怏不乐。

建平四年（333年）六月，石勒病危。中山王石虎入宫侍奉赵帝，假传石勒诏令，不准群臣入宫见驾，又遣使召石勒子石宏、石堪回襄国。七月，石勒病情加重，留下遗言说，"大雅（即太子弘）兄弟，应当相互友爱，相互照顾，司马氏就是你们的前车之鉴（指西晋八王之乱）。中山王应当好好学习周、霍，不要被后来人耻笑"。

石勒死后，石虎不听赵帝遗命，挟持太子石弘即皇帝位，执杀程遐、徐光等忠直大臣，命令其子石邃率兵入宫警卫，满朝文武竞相奔散。

八月，石虎强迫石弘封自己为丞相、魏王、大单于，加九锡，总摄朝廷大权。又立其妻郑氏为魏王后，立石邃为魏太子，还将其诸子并封为王。石虎府僚亲属，都被任命为台省要职。石虎挟持石弘干涉朝政，引起后赵宗室极为不满。同月，刘太后与石勒养子石堪商量起兵讨伐石虎。九月，石堪兵败被杀。十月，石生、石朗也起兵攻讨石虎，又被石虎平定。同月，盘据在秦陇的氐帅蒲洪也乘机自称雍州刺史叛赵，石虎在平定宗室的反叛后，派麻秋收复了蒲洪。蒲洪再次降服石虎，被授予光烈将军、护氐校尉。

延熙元年（334年）十月，石弘不甘心为石虎傀儡，迫于石虎威势，便自动请求让位给石虎。石虎说："石弘愚昧昏庸，应当废掉他，怎么能禅让呢！"十一月，石虎派郭殷入宫，废石弘为海阳王。群臣劝石虎即皇帝位，石虎说："皇帝，是功德盛大的称号，不是我能担当的。"于是自称居摄赵天王。不久，又将石弘及太后程氏、石宏、石恢杀死。任命夔安为侍中、太尉、守尚书令，郭殷为司空。次年正月，改元建武。九月，迁都至邺。建武三年（337年）正月，石虎称大赵天王，立石邃为天王皇太子。建武十五年正月（349年），石虎即皇帝位，改元太宁。

晋代名将陶侃卒

咸和九年（334年），晋代名将陶侃卒于返乡途中。

陶侃，字士行，庐江浔阳（今江西九江）人，杰出的军事将领，曾先后受命参加讨平杜韬、王敦、苏峻以及祖约之乱担任过荆州、广州、江州等地刺史。尤其在平定苏峻祖约之乱时，陶侃功劳最为显著，封作长沙郡公，深受晋王朝器重。陶侃晚年自虑满盈必溢，功高盖主必致祸，便不参预朝

陶侃像

政，几次想告老归长沙国。咸和九年陶侃病重，上表辞位得到同意。在返回长沙途中，在樊溪（今湖北武昌西）病故，享年75岁（一说76岁）。

陶侃从军41年，屡建奇功，为平定中原立下汗马功劳。陶侃为人雄毅有权略，明悟善断，没有人能蒙骗他，又谨守吏职，深得上下人心。尚书梅陶非常推崇他，说他"机神明鉴似魏武，忠顺勤劳似孔明"。陶侃死后，晋成帝特下诏褒扬他的功绩。

石虎攻凉·出师不利

后赵建武十二年、前凉建兴三十四年（346年）五月，前凉王张骏刚死，后赵石虎就乘丧攻打前凉。次年四月，前凉张重华挫败石虎大军，维护前凉兴盛局面，后赵则加速衰落。前凉建兴三十四年（346年）五月，张骏去世，子重华继位。石虎乘张骏刚死、重华年纪轻，便派凉州刺史麻秋、将军孙伏都攻打金城（今甘肃兰州）。前凉太守张冲投降，凉廷震惊。重华命将军裴恒率兵固守广武（今甘肃永登）；将军谢艾率步骑兵5000攻击麻秋，并在振武击败麻秋。次年四月，麻秋又攻枹罕（今甘肃临夏），架云梯，挖地道，一度突入城中。前凉校尉张璩率诸将力战，杀退赵兵，烧毁赵军攻城器械。于是，石虎派石宁率兵2万增援麻秋。谢艾率步骑3万在大河边迎击。暗中派遣别将张瑁从小路截断赵军后路。赵军撤退，谢艾乘势进攻，大破赵军。麻秋单骑逃往大厦（今甘肃临夏西南）。五月，麻秋、石宁又来攻掠晋兴郡（今青海民和）诸县。七月，石虎又派遣援兵和麻秋会合，渡过河后长驱直入，想直扑姑臧（今甘肃武威）。谢艾建牙誓众，大破麻秋军，麻秋逃回金城。石虎闻讯，感叹说："我以偏师定九州，今以九州之力困于枹罕。彼有人材，未可图也。"前凉抗击后赵，力战而胜。（前凉）建兴三十七年（349年）九月，凉州官属向晋朝上表，共推张重华为丞相、凉王、雍秦凉3州牧。此时前凉疆域，南逾河、湟，东至秦、陇，西包葱岭、北及居延，正值兴盛时期。

石虎死·后赵大乱

后赵太宁元年（349 年）四月，石虎病死，后赵内部争权夺利，自相残杀，后赵大乱。

石虎病亡后太子石世继位，尊刘氏为皇太后，临朝称制，并以石遵、石鉴为左右丞相。石遵自李城举兵反叛进兵邺城，杀张豺，废石世，即皇帝位。不久，又杀石世及其母刘太后。石遵尊其生母郑氏为皇太后，立妃张氏为皇后，以原燕王石斌之子衍为皇太子。对李农、石鉴、石冲、石苞、石琨、石闵等都有分封和奖赏。但沛王石冲听说石遵杀石世自立，于是率军从蓟（今北京南）向石遵进攻，但不久败在石遵将石闵手下，李农、石冲被赐死。至此，后赵政权遂归于石遵。但是，由于石遵杀石世自立，事先曾许诺以石闵为太子，而事后却立石衍，石闵怨恨。石遵心腹也劝石遵防石闵有异心。石遵于是召石鉴、石苞、石琨、石昭等人策划消灭石闵。而石鉴却暗中派人告诉石闵，石闵于是在四月十一日派苏彦、周成率军将石遵、郑太后等在邺城琨华殿斩杀。随后拥立石鉴即位。而石鉴虽对石闵优礼有加，却又暗中计划除掉石闵。当时石虎另一子石祗及石成、石户等见石闵专权，心中不满，纷纷起兵。石闵也针锋相对，先击杀孙伏都、刘铢等羯军，控制石鉴，后下令胡羯等六夷如果以武力对抗，立斩不赦。石闵知道胡人不可能为自己所用，于是放赵国境内汉人进城，并下令汉人斩杀胡羯一人，文官进位三等，武官拜牙门。因此，汉人大杀胡羯，不论贵贱等级、男女老少，一时间被杀的胡

成汉陶侍俑、陶文吏俑

羯人多达20余万。石闵大杀胡羯后，于太宁二年（350年）正月将后赵国号改为"卫"，更姓李，改元青龙，从而导致国内大乱。文臣武将一致反对，赵庶、张举、张春等公卿将校逃往襄国（今河北邢台西南），石琨、张沈、张贺度以及姚弋仲、苻洪等也各据一方，与李闵对抗。不久，石琨、张举、王朗等率军向邺城攻击，赵帝石鉴也想乘机里应外合，但被李闵抓获。闰正月，李闵杀石鉴，并杀石虎28孙，铲灭石氏家族。李闵于是自立为皇帝，改元永兴，国号"大魏"，史称"冉魏"。三月，李闵又改姓冉，尊其母王氏为皇太后，立妻董氏为皇后，冉智为皇太子，其余诸子都进爵为王。

冉闵篡赵建魏，引起石祗的激烈反对。冉闵杀石遵时，石祗与姚弋仲、苻洪等联兵声讨。等到冉闵称帝，石祗也于次年三月在襄国即帝位，并改元永宁。四月派石琨率兵10万进攻冉魏，六月被冉魏将军王泰击败。十一月，冉闵又率步骑10万进攻赵国都城襄国。永兴二年（351年）二月，石祗被迫除去皇帝之号，称赵王，并向前燕和姚弋仲求援。冉闵腹背受敌，败逃回邺城。三月，石祗派刘显率兵7万攻打邺城，冉闵背水决战，大获全胜，刘显投降。冉魏得以保全。

苻健建前秦

前秦皇始元年（351年）正月，苻健在长安即天王、大单于位，建国大秦，史称前秦。

氐族苻氏，世代居住在略阳临渭（今甘肃秦安东南），为部落小头目。永嘉年间，天下大乱，苻氏同宗结为部落集团，推举苻健之父苻洪为盟主。不久苻洪归附刘曜。咸和四年（329年）九月，石虎攻占邽城，苻洪投降。八年十月，石虎采纳苻洪建议，将秦雍百姓及氐羌部落10余万户迁移关东，并任命苻洪为流民都督，居住枋头（今河南浚县西南）。永和五年（349年）四月，石虎去世，石遵杀石世自立为王。后石遵担心苻洪乘机侵占关中，于是罢免符洪都督职，符洪为此大怒，返回枋头后遣使向晋廷投降。同年末，冉闵在邺城大杀胡羯族，并将世代居住在河北的关陇流民向西迁移，途中路经枋头，共推符洪为首领，聚众10余万人。六年正月，符洪自称大都督、三秦王，但不久便被赵将麻秋毒死，死前嘱咐世子符健占据关中，巩固地盘。于是符健杀麻秋自立，并派遣使者赴晋告丧请命。同年八月，赵将王朗、司马杜洪趁势占据长安，自称晋征北将军、雍州刺史，当地夷夏人纷纷响应。符健也自称晋征西大将军、都督关中诸军事、雍州刺史，与弟符雄、侄符菁率

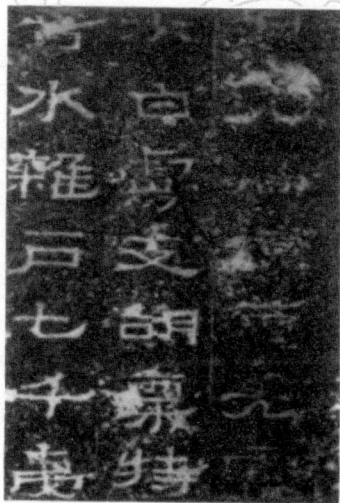

陕西韩城秦卷能进修邓太尉祠碑拓本

军向长安进击，杜洪部众及羌、氐部落首领见状纷纷向符健投降。十月，符健大军长驱直入，进入长安。后因长安民心思晋，符健于是派人到建康向晋廷报捷，并与晋将桓温修好，从而赢得大批胡汉百姓拥戴。第二年正月，符健在长安即天王位，称大单于，建国号大秦，建元皇始，史称"前秦"。追尊其父符洪为武惠皇帝，庙号太祖，并立妻强氏为天王后，子符苌为太子。

桓温北伐·进至灞上

东晋永和十年（354年）二月，征西大将军桓温出师进攻前秦，至太和四年（369年），他率军共进行了三次北伐，志在收复中原，提高个人威望，以代晋称帝。

永和十年二月，桓温第一次北伐，统领步骑4万从江陵（今湖北江陵）出发，经析县（今河南西峡）至武关（今陕西丹凤东南）；水军则从襄阳入均口

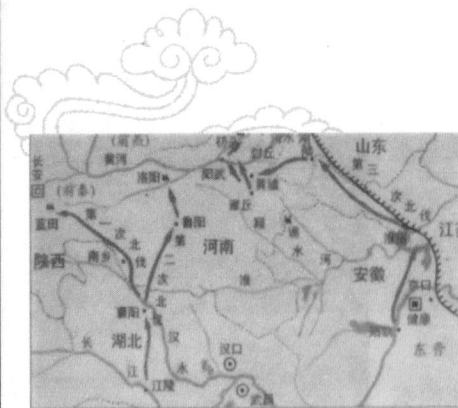

桓温北伐图

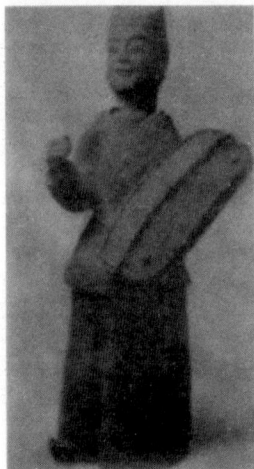

南京出土晋代持盾武士俑

（今湖北均县）直逼至南乡（今河南淅川）；同时命梁州刺史司马勋沿子午道（今关中直南通向汉中之通道）攻秦。苻健遣太子苻苌、丞相苻雄等率军5万，屯于邦柳（今陕西蓝田南）。四月，桓温督师在今陕西兰田击败秦太子苻苌等率领的5万大军，进军灞上（今陕西西安东）。秦军被迫退守长安城。关中百姓纷纷持牛酒慰劳晋军，老人流泪说："不图今日复见官军！"桓温终因军粮缺乏而于六月被迫撤退。

永和十年七月，桓温第二次自江陵北伐。八月逼近洛阳，在伊水（今河南洛阳南）大败羌兵统领姚襄的军队，收复洛阳。姚襄退至襄陵（今山西临汾东南），后西入关中，为前燕苻生所杀。桓温很快还兵江陵，只留毛穆之等两千多人戍守，又将降民3000余家迁至江、汉之间，随后颖川、谯（今安徽亳县）、沛（今安徽濉溪西北）诸城相继为前燕占领。隆和六年（362年），桓温建议迁都洛阳，主张将永嘉之乱以来南迁的北人全部迁回河南。南下士族纷纷反对，而桓温也只是借此威胁朝廷。由此引起大臣们的互相猜疑和牵制，内部不和给前燕可乘之机。兴宁三年（365年）三月，洛阳终于被前燕占领。

太和四年（369年），大司马桓温已进位大司马、都督中外诸军事、扬州牧，并兼任徐、兖二州刺史。为了树立更高的威望以便代晋，桓温决定进行第三次北伐，征讨前燕。四月，桓温率步骑5万从姑熟（今安徽当涂）出发，六月抵达金乡（今属山东）。命将士凿巨野（即大野泽，在今山东巨野北）300里，引汶水于清水以利舟师自清水入河。一路所向无敌，七月进至枋头（今河南汲县东北）；同时派遣檀玄在黄墟（今河南杞县东南）同燕军作战，大败燕征讨大都督慕容厉。燕主慕容暐大惊，向前秦求援。八月，前秦出动步骑 2 万救燕。燕、秦联兵与桓温大战，晋军数战不利，且因孤军深入，军粮不继而被迫焚烧船只，抛弃辎重、铠杖，从陆路撤退。在襄邑（今河南睢县）东涧又遭到燕军袭击，损失 3 万余人。在谯郡再受前秦军袭击，又损失 1 万多人。十月，桓温收散卒屯兵山阳。第三次北伐以失败告终。

王猛入秦佐政

前秦永兴元年（357 年）五月，王猛归附秦东海王苻坚，甘露元年（359年）十二月，秦王苻坚启用王猛为相，勤修政事，使秦围大治，为秦统一北方奠定了基础。

王猛（325 年—375 年），字景略，北海剧县（今山东昌乐西）人，家于魏郡（今河南安阳）。他出身贫寒，博学多才，喜读兵书，善于谋略和用兵。前秦苻生即位后，为政暴虐残酷，滥杀无辜，前秦大臣纷纷要求易主，希望苻坚取而代之。永兴元年（357 年）五月，薛赞、权翼等与苻坚密谋，尚书吕婆楼又向苻坚推荐王猛。王猛与苻坚二人一见如故，讨论废兴大事，异常契合。元年六月，苻坚等发动政变，杀苻生，自称大秦天王，改元永兴，起用王猛、权翼、薛赞等辅助朝政。

苻坚任用王猛辅政，遭到以氐人豪族樊世为首的宗亲勋旧的不满和忌恨。永兴二年（358 年）九月，朝臣聚会议事，樊世与王猛在苻坚面前争论，樊世想杀王猛，苻坚大怒，下令处斩樊世。王猛因此声势大振。王猛为政严而不苛，对权贵豪强乱法则惩处严厉。甘露元年（359 年）八月，王猛被任命为侍中、中书令，兼领京兆尹。当时皇太后之弟强德屡次犯法，又酗酒横行，掠人财货与子女，深为长安百姓所患。王猛甫受任即将强德斩于市，随后又诛杀贵戚豪强 20 余人，百僚震肃，奸猾敛迹。苻坚感叹说："吾始今知天下之有法也！"于是更加信任王猛。苻坚先后任命王猛为吏部尚书、太子詹事、左仆射、辅国将军、司隶校尉等。此时王猛年 36 岁，一年之中 5 次擢升，权倾内外。

建元八年（372年）六月，王猛再次升任丞相、中书监、尚书令。

王猛任职18年，综合儒法，选拔廉明，讲求实效，政绩斐然。除政治上采取一系列整治措施外，他还选贤任能，法简政宽，使百姓安居乐业。在经济上，他劝课农桑，开放山泽，鼓励发展农业生产，以致田畴开辟，仓库充实。在文化上，他广兴学校，促进氐、羌的汉化，有利于民族融合。他执政期间，"关陇清晏，百姓丰乐"，前秦呈现出小康景象。

桓温废立晋帝独揽大权

东晋太和六年（371年）十一月，大司马桓温废晋帝司马奕为东海王，改立丞相、会稽王司马昱为帝，是为简文帝，独掌朝政。

东晋大司马桓温自以为才干威望盖世，无人能及，常慨叹："男子汉不能流芳百世，亦当遗臭万年。"他三次北伐，欲建功业以提高政治威望，然而第三次北伐枋头大败，使其声望大跌，被迫还镇姑孰（今安徽当涂）。为雪耻恨，恢复昔日名望，桓温又出兵寿春（今安徽寿县）挫败晋叛将袁瑾。但参军郗超以为要重立威权，镇服四海，只有仿效伊尹放太甲、霍光废昌邑王事才能建功立业，桓温于是与郗超密谋废帝之事。造舆论说司马奕有暗疾，他们大造舆论，说晋帝的三个儿子是嬖人相龙、计好、朱灵宝与美人田氏、王氏所生，如不废之，将混乱司马氏血统。太和六年（371年）十一月十三日，桓温拜见褚太后，请求废掉晋

十六国时期庄园生活壁画，它描绘了东晋十六国时期吐鲁番地区的生活场景。

帝另立丞相会稽王司马昱为帝，并呈上事先准备好的废立文告。太后过目数行说："我亦怀疑皇帝生三男之事"，于是同意废立。十五日，桓温召集文武百官宣布了太后的命令，废晋帝为东海王，立会稽王、丞相司马昱为新帝，并改元咸安。十二月，桓温再贬东海王为海西（今江苏连云港南）县公。

桓温改立新帝后，继而将矛头转向一些与其不合的皇族及朝臣。桓温一向忌恨武陵王司马晞，曾上奏简文帝要求免去其太宰之职；同时，广州刺史庚蕴也与桓温有宿怨。另外殷浩去世时，桓温曾派人前往吊唁，但殷浩的儿子殷涓却不给桓温复信，更没有去拜望桓温，且与武陵王司马交往。咸安元年（371年）十一月十七日，桓温诬陷武陵王司马晞谋反，罢免其官职，并乘机贬新蔡王司马晃为庶人，杀掉殷涓、庚倩、庚柔等人，并诛灭族人，将殷、庚两大强族的势力削除殆尽。自此，桓温威震朝野，独握大权。二十六日，简文帝下诏任命桓温为丞相，保留其大司马职位，想以此将桓温留在京城。但桓温为了保持军事实力，决定离开京城，坚辞再三，最终还归姑孰。

咸安二年（372年）六月，简文帝去世。桓温原本指望简文帝司马昱禅位于他，或居摄朝政，但二者均未如其愿。桓温于是拒绝入朝，直至宁康元年（373年）二月才到建康朝见孝武帝，并带兵入朝。一时建康人心慌乱。由于侍中王坦之、吏部尚书谢安应付自如，桓温才没有发难。晋朝得以安宁。三月，桓温退回姑孰。七月，桓温在姑孰病死，终年61岁。

刘裕北伐南燕

东晋安帝义熙五年（409年）四月，刘裕率兵北伐南燕。

南燕一直以来都骚扰侵掠东晋边境。刘裕因而上上表，请求讨伐南燕。当时东晋朝廷大部分人都反对出兵，而只有左仆射孟昶，车骑司马谢裕等极少数人赞同。同年夏季，刘裕率军北伐。途经天险大岘时，因慕容超不听公孙五楼提出的强占天险，坚壁清野的劝告，刘裕得以顺利通过。六月，刘裕进入东莞（山东沂水县）境内，派善谋果断的王镇恶（王猛孙）为中军参军，与南燕公孙五楼、段晖等激战于临朐之南。从早上战到中午，仍未决出胜负。于是，刘裕采纳参军胡藩的建议，派胡藩等人绕到燕军后方，前后夹击，大败燕军，斩段晖等10余人。南燕所用的玉玺、辇及豹尾均被晋军掠获。

临朐大捷后，刘裕率军包围南燕都城广固（今山东盖都西北）。南燕王慕容超派使者韩范奔赴后秦求救。后秦王姚兴得知广固被围后，派兵一万人到洛阳，与洛阳太守姚绍合力解救南燕。后因后秦伐夏失败，急需援兵而中途撤回。姚兴在派兵救燕的同时，又派使者去见刘裕，声称已遣铁骑10万屯于洛阳，如晋不收兵，将长驱而进。刘裕当即回答说，克燕之后，当息兵3年，即来取秦关、洛，目前如能自来送死，当然更好。刘裕认为，秦派使者，只是虚张声势。事实果如刘裕所言，秦军被夏击败后，自顾不暇，无力救燕。南燕死守广固等待秦援。然而，南燕派出的使者尚书张俊因不能返回广固城而投降刘裕，并向刘裕献计说，如果能说服韩范，燕人将不战而降。刘裕因而派人招抚韩范。跟随韩范的人劝韩范投奔后秦，以图恢复。而韩范认为刘裕从布衣起家，能够剿灭桓玄，恢复晋室，又兴师伐燕，所向披靡，此为大势所趋，非人力所及。南燕若被灭，秦也难保，自己不可一辱再辱，不如顺应天意，投降刘裕。韩范的投降，彻底断绝了燕军的希望。义熙六年（410年），刘裕攻下广固城，将慕容超送到建康，斩首示众。

李崇抗水

北魏名将李崇为人深沉宽厚，很有谋略，颇得人心。他在寿阳为官期间，手下常养数千壮士，有敌人来侵犯，无不击溃。南朝的梁武帝多次施离间计，又授他车骑大将军、开府仪同三司、万户郡公；并将他的儿子们也都封为县侯。但魏主始终信任李崇，对他重用有加。

北魏延昌二年（513年）五月，寿阳地区长时间内一直下雨，大水涌进城里。当时扬州刺

江汉大堤。汉水襄阳大堤始建于汉代，曹魏时曾因堤决，重加修筑。东晋陈遵在江陵筑堤。梁代天监元年（502年），郢州（今武昌）也有筑江堤的记载。长江流域大堤经历代修筑，逐渐成为今天江汉平原的保障。

史是李崇，他带领军队驻扎在城墙上，日夜巡察、救险。城外水位最高时只差二版就要漫过城墙，烟柳繁华之地眼看着就要成为一片水乡泽国了。李崇的属下们看形势危急，都劝他赶紧弃城出逃，登上附近的八公山躲避。但李崇认为，整个淮南的安危都系在自己一个人身上，一旦离开，百姓必然瓦解离散，那么千里扬州就将不属于魏国了。当时治中裴绚见水势不妙，率领城南的数千居民乘船往南方高原上躲避。裴绚以为李崇肯定和他一样已经北撤，于是就自称为豫州刺史，向梁国请求投降。裴绚叛国的消息传到李崇耳里，李崇马上派堂弟李神率水军去攻击，打败裴绚，毁其营地。裴绚逃脱，却又落入村民之手，自杀而死。

宇文泰大败高欢

北魏分裂为东西魏，大统元年（535年）七月，宇文泰列高欢20条罪状，声讨高欢；高欢也声言领兵西讨逆徒。宇文泰与高欢两大集团公开翻脸，各举雄兵，一时间战祸四起，烽火连天。

西魏大统三年（537年）八月，西魏发生大饥荒，宇文泰发兵讨伐东魏，攻陷贮粮要地恒农，就地补充军粮。高欢见自己的粮仓被劫，大怒，马上派大将高敖曹率3万人去取恒农，将恒农团团围住；自己亲率20万大军，自蒲津渡过黄河，浩浩荡荡，杀奔长安，欲与宇文泰决一死战。

东魏佛头，此佛头梳镟纹状高髻，面清癯，眉细长，眼略下视，鼻高唇薄，呈微笑状。

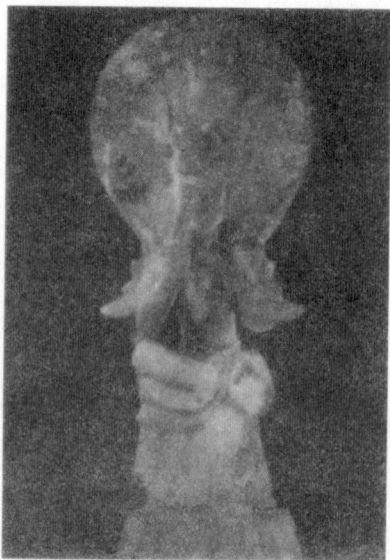

东魏邹广寿造思惟像，东魏思惟像莲冠大而低，颈长肩小，腰身细长，衣褶简括劲挺，此尊具代表性，且雕造精细。

宇文泰见高欢来势凶猛，又怕高欢军一入长安引得民心大乱，遂决定趁其尚未立稳脚跟，来一个兜头痛击。于是率轻骑渡过渭水，前来迎战。十月，宇文泰部到沙苑（今陕西大荔南洛、渭之间）安营，距高欢军60里。宇文泰一面察看地形，一面派探马去打探高欢军情。探马尽得高欢军虚实，立即回报。宇文泰与众将谋定，将部队分居左右，各为方阵，将士都埋伏在芦苇丛中，在渭曲待敌，闻鼓出击。

东魏军人多势众，军力为西魏军的20倍，一路开来，趾高气扬，士心骄怠。宇文泰亲自击鼓，士兵从芦苇中跃出，左右两支往中横冲，东魏兵一时被断为两段，难以照应，顿时阵脚大乱。东魏军尽在明处，全军暴露；西魏兵鼓声响处，一呼而起，奔涌出来。东魏兵不知虚实，四散逃窜。宇文泰率军掩杀，高欢大败，连夜渡黄河逃回。沙苑一役，东魏损失甲士8万人，弃铠甲兵器18万，遭受惨败。高敖曹得知高欢败回，也撤恒农之围，回保老帅。宇文泰乘胜追击，黄河以南四州都降西魏。宇文泰以1:20的绝对劣势，力克强敌，凯旋回师。

冼夫人治岭南

冼夫人，高凉（今广东阳江西）人，高凉冼氏，世世代代为南越首领，其部落下属有十余万家。冼氏自幼贤明大义，在邻里乡居中有很高的威信，并且能行军用师，抚循部众，高凉太守冯宝与之结为夫妻，冯宝原本是北燕的后裔，后投奔宋，留居在新会，冯宝祖父冯业至宝四代为守牧，但他乡羁旅，号令不行，冯宝娶了冼夫人后，冼夫人颁布诚约，约束本宗的行为，使跟从的百姓形成有礼貌的习惯。每次与夫君在一起参与审理有关诉讼案件，首领有犯法的人，即使是与自己有关的亲族，也不会轻松地包

冼夫人像

庇。自此以后，政令有序，人莫敢违，陈永定二年（558年），冯宝死了，岭南于是开始大乱。

洗夫人在岭南动乱中代掌岭南诸事，怀集百越，数州晏然，维持了一个好的社会秩序，当时她的儿子冯仆才九岁，洗夫人派遣冯仆率领诸酋长入朝，后拜阳春郡守。太建二年（570年），广州刺史欧阳纥在岭南谋反，诱使冯仆与之一起作乱，洗夫人发兵拒守，率领诸酋长迎接陈官军章昭达，欧阳纥未能抵抗，于是溃败，朝廷派使者册封任命洗夫人为高凉郡太夫人，一如刺史之仪，自陈代到隋文帝杨坚初平江南之际，洗夫人一直是稳定珠江流域政治局面的重要支持力量。

杨素权被剥夺

隋文帝仁寿二年（602年）十二月，杨坚下令尚书左仆射杨素只理大事。外示优崇，实夺其权。

杨素（？—606年），字处道，弘农华阴（今属陕西）人，士族出身。北周武帝时任司城大夫等职。隋文帝杨坚灭陈时，他率水军从三峡东下，因功封越国公。开皇十年（590年），镇压荆州和江南各地的反隋势力。后又亲率大军多次平定突厥对北部边境的骚扰。功绩昭著，被拜为尚书左仆射。杨素因受隋文帝的信任，权倾一时。其家人也沾他的光，皆位居高官，其弟杨约及叔父杨文思、杨文纪、族父杨忌并为尚书、列卿，诸子无汗马功劳，位至柱国、刺史；广营资产，自京师及各地大都市，邸店、碾、好的田宅，不可胜数；家僮数千人，后庭妓

隋代文吏俑

妾以千计。开皇二十年（600年），太子勇失宠于文帝、独孤后，晋王广图谋夺太子的位置，私下交结党羽，杨素协助广废太子及蜀王。这以后，杨素的权威愈加强盛。朝臣中有意见不同的，竟至诛夷；有附会他及他的亲戚，虽无才能，必加以提拔，名将名臣如贺若弼、史万岁、李纲等，都被暗加中伤。一时间朝廷靡然，没有不害怕杨素的。只有兵部尚书柳述、大理寺卿梁毗敢与之抗衡。仁寿二年（602年），梁毗见杨素专权，担心他会成为国家的祸患，于是上书文帝，论及此事。文帝读罢，大怒，将梁毗下狱，并亲自责问他。梁毗极言"杨素专宠弄权，将领之处，杀戮无道"等等。文帝于是释放了他。这以后，文帝渐渐疏忌杨素。于同年，敕："仆射国之宰辅，不可躬亲细务，但三五日一向省，评论大事。"实夺杨素之权。在文帝统治的最后几年，杨素不再通报省事。杨广登基后，对杨素也是外示殊礼，内情甚薄。

李世民击刘武周

唐武德二年至三年（619年—620年），李世民奉命进攻刘武周，大败刘武周。

武德二年（619年）六月，唐高祖对刘武周的进攻非常忧虑，于是任命裴寂为晋州道行军总管，以讨刘武周。在度索原，刘武周军大败裴寂军，随后攻克并州、太原、晋州。武德二年（619年）秋冬之季，刘武周攻克唐州县，吕崇茂也起来响应刘武周，隋将王行本据守蒲坂（今山西永济南）对抗唐军，并且勾引刘武周南下，威胁关中。唐廷为之震动。李世民请求朝廷给3万人马进击刘武周，高祖同意。

李世民奉命出击河东，屯兵于柏壁。武德二年（619年）年末，刘武周部下吕崇茂、尉迟敬德、寻相等率兵在夏县大败永安王李孝基，并俘李孝基及其部属。尉迟敬德、寻相将归浍州，李世民派兵部尚书殷开山、总管秦叔宝等人在美良川伏击敌人，大败尉迟敬德，歼敌2000多人。不久，尉迟敬德、

唐狩猎出行壁画

寻相秘密带精骑兵援救蒲坂的王行本。李世民自己统帅步兵、骑兵3000人乘夜从小路行军，赶至安邑（今山西翼城附近），从半路突袭尉迟敬德，取得巨大胜利。尉迟敬德寻相逃走。

李世民带着俘虏的敌人返回柏壁。唐将都请求李世民与刘武周交战，李世民未准，说对孤军深入的刘武周不宜速战，而应将其拖垮，待其弹尽粮绝，会自动逃归。

经过数月对峙，刘武周部宋金刚军粮耗尽向北撤退，李世民下令追击。武德三年（620年）四月，追至吕州（今山西霍县），唐军大败寻相，乘胜逐北。在雀鼠谷，唐军一天8战，大败宋金刚主力军，歼敌数万人。陕州总管于筠从敌营中逃回后，随李世民围困介休。宋金刚尚有残兵2万多人，背城布阵，与唐军在西城门外交战。李世民派总管李世勣正面迎击宋金刚，自率精锐骑兵突袭宋金刚的背后，大败宋军，歼敌3000人。宋金刚力不能敌，率骑兵逃走。李世民率兵继续追击数十里，到达张堡。浩州行军总管樊伯通、张德政据城自守。尉迟敬德收集败兵据守介休，李世民派遣任城王李道宗、宇文士及前去劝降。尉迟敬德、寻相率介休、永安二县降唐。李世民任尉迟敬德为右一府统军，仍旧统领旧部8000人，配合唐军作战。刘武周听说宋金刚战败，退出并州向北逃入突厥。宋金刚收拾旧部力图再战，但部下全无斗志，宋金刚也只得率百人逃入突厥。不久，宋金刚策谋逃往上谷，被突厥追杀。岚州总管刘六儿跟随宋金刚在介休，被李世民擒杀。李世民兵至晋阳，刘武周所封仆射杨伏念向李世民献城。唐俭也封好府库等待李世民。至此，刘武周掠取的唐河东州县都被李世民收复。高祖听说并州收复，很高兴，设宴招待群臣，赠以绸缎。恢复唐俭的官爵，仍旧以他为并州道安抚大使。李世民留李仲文镇守并州，高祖以李仲文检校并州总管。

刘武周逃入突厥境内后，被突厥杀死。突厥任命苑君璋为大行台，统领刘武周的旧部。

李世民发动玄武门之变登上帝位

秦王李世民在创建唐业中，功勋卓著，威望日升，手下精兵强将颇多，太子建成功逊世民，兄弟间深怀敌意，皆竭力招贤纳众。建成获得齐王元吉及后宫支持后又得到李渊的偏袒，在双方较量中占有优势。武德七年（624年）后，建成几次谋害世民，其中一次暗下鸩毒，使李世民心中暴痛、吐血数升。此后李建成与李元吉又欲收买秦王部下名将尉迟敬德、程知节、秦叔宝、段志玄等未成功，后又上疏高祖，诋毁秦王谋士房玄龄、杜如晦，二人均被高祖逐出京师。

武德九年（626年）夏，突厥兵进攻唐境，太子李建成荐李元吉代秦王出征，并奏请以秦王大将尉迟敬德、程知节、秦叔宝、段志玄等随行，太祖诏准。李建成与李元吉密谋欲在为元吉饯行的宴会上谋杀李世民。李世民得知消息，密奏高祖，并细诉太子及李元吉俩人淫乱后宫等事，高祖答应来日（六月四日）询问建成、元吉俩人。六月四日清晨，秦王李世民率长孙无忌等伏兵于玄武门。太子李建成闻知秦王密奏高祖之事，便召元吉密议，李元吉认为应布置军队，托疾不入朝，坐以观变，等待消息。建成说已经布置就绪，只待入朝，打听消息。此时，高祖已召裴寂、肖瑀、陈叔达等臣审议秦王所奏之事。建成、元吉则对形势估计不

玄武门遗址

唐太宗画像

足，认为已布置停当，便仍从容上朝。俩人赶到玄武门，一进宫门，到临湖殿，便发现形势不对，立即策马欲东奔回各自宫府，李世民在后追赶，并呼叫建成、元吉俩人停下，元吉张弓欲射李世民，但慌忙中未能拉开弓弦，而李世民却一箭就将太子建成射死于马下，元吉也被赶到的尉迟敬德射下马来。李世民亦从马上掉下，被树枝挂住，元吉带伤返回，夺世民手中弓，欲用弓扼死李世民，尉迟敬德跃马大喝，元吉慌忙快步奔向武德殿，尉迟敬德紧追不舍，一箭射死李元吉。

太子李建成、齐王李元吉死后，两府部众方得知讯息。翊卫车骑冯立、副护军薛万彻等将领东宫、齐王府精兵2000余人赶至玄武门外，欲杀李世民，为太子李建成及齐王李元吉两主复仇。李世民的云麾将军敬君弘掌宿卫兵屯玄武门，领兵挺身与冯立、薛万彻力战，不敌而战死。李世民的心腹猛将张公谨力大无比，在玄武门内闭关门抗拒冯立、薛万彻两将所率人马，使其不能入关。坚守玄武门的李世民部众与薛万彻、冯立军马力战很久，薛、冯二将久攻不下，便鼓吹要攻打秦王府，秦王将士大惊，尉迟敬德便持李建成、李元吉俩人首级示于城门，东宫、齐王府军队才大乱而退。

高祖闻知此事大惊，与裴寂等臣商议，肖瑀、陈叔达答道："建成、元吉本未参与起义，又无功于天下，而嫉妒秦王功高，狼狈为奸。现在秦王讨伐并诛杀他们。陛下可将国事委许秦王。"高祖于是点头称善。六月七日立李世民为皇太子，两个月后又被迫让位李世民，自称太上皇。至此，李世民发动玄武门之变而登上帝位。

李靖论兵

李靖（571年—649年），字药师，京兆三原（今陕西三原）人，是唐代著名军事家。他少时精研孙吴兵法，在后来长期征战过程中总结出自己较为系统的军事思想，主要体现在《卫公兵法》和《李卫公问对》等兵书中。

《卫公兵法》又称《大唐卫公李靖兵法》，分为上中下三卷，在军事学术上颇有见解。李靖特别强调以谋取胜，主张将领谋深虑远，反对临机应敌、陷于困境。书中对如何知己知彼决策制敌、带兵治军进行了具体论述，在总结实际经验的基础上对《孙子兵法》有所深化。李靖还从理论上提出"持久战"问题，他对"兵之情主速"进行了具体分析，认为速战速决与持久战应根据实际情况使用，二者不可偏废，从理论上纠正了只讲速战、反对持久的片面观点，成为《卫公兵法》军事理论上的一个重要贡献。在治军方面，李靖突出严格赏罚，他认为赏罚分明是治军的当务之急，赏罚的施行要讲求时效性，并对如何实施赏罚作了详细规定，同时他也强调爱护兵士。《卫公兵法》还以较多篇幅论及战术问题，表明李靖对这个问题的高度重视和高深造诣。他强调在战术上重视敌人，即使对弱敌也必须慎重对待；在交战之前，必须审时度势，采取多种战术手法；对阵法、行军法、撤退法、行引法、安营法、教战阵法、旗法等都有独到的创见和详尽的论述。

《李卫公问对》又名《唐太宗李卫公问对》，简称《问对》，是以唐太宗与李靖讨论兵法的形式写成的问答体兵书。此

唐王知敬《李靖碑》

书作者不明，应是对李靖事迹和思想有深入研究者，全书是对李靖军事思想的总结和阐发。书中提出，用兵的核心问题是争取主动权，无论进攻还是防御，这都是首要问题，这一观点至今仍堪称真知灼见。《问对》对《孙子》提出的"奇正"原则做了辨证的论述，总结前代兵家的见解，指出战场上没有固定划分，正和奇不是一成不变的，奇正在一定的条件下相互转化，善用兵者必须善于运用奇正转变规律，使敌人难以预料，以达到制敌的目的，这一论点明显高于前人。《问对》也揭示了奇正与虚实的内在联系，指出只有知奇正，才能知敌虚实；只有知敌虚实，才能正确使用奇正，这样就能致敌而不被敌所知。

李世民去世

贞观二十三年（649年）五月，唐太宗病逝于翠微宫。

唐太宗李世民（599年—649年），隋朝末年追随其父李渊在太原起兵，曾镇压窦建德、刘黑闼等农民起义军，又消灭了薛仁果、王世充等隋末旧将的割据势力，为唐王朝的建立立下汗马功劳。武德九年（626年）发动玄武门之变，成太子，后登上帝位。在位期间，推行府兵制、均田制、租庸调制，并加强对地方官吏的考核，令人修《氏族志》《五经正义》，发展科举制度。他吸收隋朝的教训，任用贤人，纳谏，唐初出现魏征等正直谏臣，任用房玄龄、杜如晦为宰相。贞观年间社会经济恢复发展，被称为"贞观之治"。贞观四年（630年）击败东突厥，为铁勒、回纥等族尊为天可汗。平定薛延陀，击溃龟兹，还曾发展西域的交通，促进贸易和文化交流。贞观十五年（641年），以文成公主嫁给吐蕃王松

唐太宗像（选自《古帝王图》）

唐太宗昭陵

赞干布，促进了藏族经济、文化的发展，加强了汉、藏两族的友谊。贞观末为征高丽，连年用兵，并营造宫殿，加重赋役，加深了阶级矛盾。

贞观二十三年（648年）正月，太宗亲撰《帝范》12篇赐与太子李治，坦率承认自己并非完人，多有不当之举，弥留之际，叮嘱丧事从简，并令长孙无忌、褚遂良等辅佐太子，病逝于翠微宫含风殿。

薛仁贵三箭定天山

龙朔二年（662年）三月，薛仁贵等于天山击溃铁勒。

唐高宗年间，回纥与铁勒（即敕勒）的同罗、仆骨等部领兵侵扰唐朝边

薛仁贵像

境，龙朔元年（661年）年底，唐政府派郑仁泰、薛仁贵等领军前往讨伐。龙朔二年（662年）二月，铁勒九姓合众十余万人抗拒唐朝军队，派几十名士兵往唐军阵前挑战，薛仁贵三箭射死三人，其余的人都下马投降，薛仁贵带兵追击其余的铁勒部众，追到碛北（沙漠北），俘虏了叶护兄弟三人。军中有一首歌赞扬薛仁贵："将军三箭定天山，壮士长歌入汉关。"铁勒的思结、多滥等部向唐军投降，郑仁泰带兵大肆掠夺，为夺取敌军辎重，至仙萼河，粮草耗尽，又遇上大雪，士兵死者十之八九。高宗下诏以契苾何力为铁勒道安抚使，说降铁勒部，九胜遂定。

李光弼守太原

李光弼像

至德二载（757年）正月，叛军大将史思明从博陵（今河北定州），蔡希德从上党（今山西长治），高秀从大同，牛廷介从范阳，共帅兵十万，来攻太原。

当时李光弼麾下精兵皆赴朔方（今宁夏），所余团练兵皆乌合之众，不满万人。思明以为太原指日可下，然后长驱北上取朔方、河西、陇右。太原诸将闻叛军十万来攻城，皆惧，议修城以守。于是帅士卒及民众于城外凿壕以自固。又作砖坯数十万块，众人都不知其所用。及叛军攻城于外，光弼则增垒于内，城坏者则用之修补。光弼军令严整，虽叛军不攻，逻卒亦不敢丝毫懈怠，叛军无机可乘。光弼又在军中选有小技者，各尽其用，得安边军（今河北蔚县）三个钱工，善于穿地道。叛军在太原城下抬头叫骂，光弼就派人从地道出曳其脚拉入城内，临城斩之。从此叛军行走皆先看地面。叛军用云梯、土山以攻城，光弼则挖地道以迎击，近城则陷。叛军逼近城头，光弼就作大炮，用来发巨石，一发击毙20余人。叛军只好退至数十步外，远地围住。光弼又遣人诈告叛军说，刻日出降，叛军喜，不为设备。光弼遂使士卒在叛军营周围挖地道，以木头顶住。至约好时间，光弼领兵在城上，遣裨将领数千人出城，伪作投降，叛军都在观看。忽然营中地陷，死者千余人，叛军大乱，光弼则帅兵乘机鼓噪出击，俘斩万计。

李光弼河阳大捷

史思明帅叛军占领洛阳后，遂领兵攻河阳。思明有良马千余匹，每天在黄河南洗浴，来回往返，以示其多。光弼即命搜寻军中母马，得500匹，而圈其驹于城内。等到思明马至水边，即尽放母马出，母马嘶鸣不休，思明马皆浮水过河，官军全数驱之入城。

思明大怒，又列战船数百艘，泛火船于前，想要烧掉浮桥，光弼则以百尺长竿，用毡裹铁叉置其头，迎火船而叉之。船无法前进，皆被焚烧。又以叉拒战船，发炮石击之，被击中皆沉没。思明又出兵河清（今河南济源南），想断光弼粮道，光弼则帅军于野水渡而备之，趁天黑，还河阳，留部将雍希颢帅兵守栅。思明知光弼善于守城，不善野战，遂派部将李日越半夜渡河来攻。日越帅500骑于次晨至栅下，知光弼已回河阳，不敢回去复命，遂降于官军。光弼厚待之，委以重任。叛将高庭晖闻之，也来降。当时光弼自帅兵守中潬。城外置栅，栅外挖壕深两丈。乾元二年（759年）十月十二日，叛将周挚舍南城，全力攻中潬。叛军逼近城，以车载攻具，督众填壕。光弼命荔非元礼帅劲兵拒敌。待堑壕填平，元礼即帅敢死队突出，击溃叛军。周挚又收兵来攻北城，光弼立刻帅兵入北城，选择叛军阵地最强的西北角和东南角，命部将郝廷玉、论惟贞帅骑兵出击。并命诸将，以军旗掠地三下，全军出击，退却者杀。诸将遂出战，光弼在后督战，诸将稍退者，光弼即命使者提刀斩首，于是诸将皆奋不顾身，并力奋击，呼声动地，叛军大溃，杀千余人，俘虏五百，溺水而死者千余人，周挚逃走，擒其大将徐璜玉、李秦授。

郭子仪屡平吐蕃

安史之乱以后，面对吐蕃的频频入侵，郭子仪指挥若定，屡平吐蕃。

广德元年（763年）十月，吐蕃攻入大震关，进而谋取兰、河、鄯、洮等州。至此，河西、陇右之地全部被吐蕃占有。边将接连告急，而宦官程元振竟不将此事禀报代宗（李豫）。于是，吐蕃率领吐谷浑、党项、氐、羌等20余万人再攻陷泾洲、邠州，进入奉天、武功，代宗急忙起用郭子仪往咸阳抗敌。但吐蕃大军已临近长安，代宗仓皇逃往陕州，六军溃散。吐蕃攻入长安，纵兵大掠官银、民资，焚烧房舍，长安为之劫掠一空。吐蕃又立广武王承宏为帝，并改元，设置百官，以前翰林学士于可封等为相。

郭子仪率30骑兵从御宿川沿山向东至商州，一路收兵，加上武关防兵共4000人，军势大振。郭子仪涕泣告谕将士共雪国耻，收复长安，节度使白孝德也率兵增援。郭子仪令士卒白天击鼓张旗，夜晚则多燃火把，为疑兵之计，吐蕃十分恐惧。长安城中百姓又骗他们说："郭令公从商州率无数大军来攻城矣。"吐蕃于是从长安城中撤出。十二月，吐蕃攻陷松州（今四川松潘）、维州（今四川汶川西北）、保州（今四川理县北）三州及云山新筑二城，剑南西川节度使高适无力抵

敦煌吐蕃时期《弥勒经变局部·剃度》。长凳上一宫女在伸臂抚摸已经剃削的光头，另一宫女正在盥洗。前面还有一宫女已剃毕蹲在大盆前，一侍女手倾净瓶中的水为她冲洗。

御，剑南西川诸州也失陷。

778 年 2 月，吐蕃入侵灵州，夺填汉等 3 渠水口干扰屯田；四月，又搔扰灵州；七月，再次侵扰盐、庆 2 州；九月，吐蕃兵逼近泾州，都被郭子仪等人率军共同击破。自广德元年（763 年）以后，吐蕃虽然每年频繁入侵，但因郭子仪镇守河中，指挥诸将抗击，京师得以太平。

郭子仪去世

庸建中二年（781 年）六月十四日，汾阳王郭子仪去世，享年 85 岁。

郭子仪是滑州郑县人，开元年间靠武举登第。安史之乱爆发的时候，郭子仪正担任朔方节度使之职。他率兵讨伐叛军，收复了东都洛阳、西京长安，功劳当时无人能比。安史之乱平息后，郭子仪兼任关内与河东副元帅之职，负责抵御回纥的侵扰，屡次击败吐蕃的进攻，他一人身系国家安危、社稷存亡长达 30 年之久。即使这样，只要朝廷有一纸诏书宣他回朝，他立刻就踏上归途，因而毁谤诬陷根本吓不倒他。

郭子仪像

郭子仪身为上将，手中握有重兵，他的很多部下都成为朝中名臣。虽然如此，郭子仪仍然对他们颐指气使，而他们对郭子仪总是毕恭毕敬。郭子仪曾经派人到田承嗣处，田承嗣面朝西遥拜郭子仪，说："我这双膝盖已有多年不朝人下跪了！"只这一件小事就足见他在藩镇中的威望。当年，李灵曜占据汴州兴兵作乱。只要经过他的地盘财物无论属公属私都会被扣下，只有郭子仪的东西李灵曜不敢动，还派士兵护送出境。

郭子仪德高望重，声名远扬。他当了 20 年的中书令，每月的俸禄达 2 万缗，家中各种奇珍异货堆积如山，家人有三千，8 个儿子和 7 个女婿都是朝廷的显赫大臣。他有几十个孙子，每次向他问安时，他竟不能全部认得。大历十四年（779 年）五月，唐德宗李适登基的时候，尊郭子仪为尚书，加封太尉。

郭子仪功盖天下而天子不起疑心，位极人臣而无人妒嫉，生活上穷奢极欲而没人指责，古往今来的名臣名将，像他这样善始善终的并不多见。

李泌再入朝

唐兴元元年（784 年）七月，李泌奉诏再度入朝，担任朝廷要职。

李泌（722 年—789 年），唐朝政治家，字长源，京兆长安（今陕西西安）人。曾任肃、代、德宗三朝宰相，被封为邺侯。

德宗在梁州避时，李泌任杭州刺史。兴元元年（784 年）七月二十六日，德宗任命他为左散常骑侍，并让他每天在中书省值班，随时回答德宗提出的有关国事的疑问。朝野都为之瞩目。

德宗曾问李泌，怎样对付占据河中的拥有精兵强将的李怀光。李泌说："李怀光占据河中不足忧虑。估算敌方的强弱只需看其将领而不必担心其士卒。李怀光不足忧虑，就更不用说他的兵卒了。李怀光虽然解了奉天之围，但却私通朱泚叛军。现在陛下回到了京城，他还杀使臣占领河中，简直是坐以待毙，真是太愚蠢了。料他不久就会被部下所杀，不用我们动手。"事情后来的发展果然如李泌所料。

当初，德宗曾借吐蕃兵讨伐朱泚，说好胜利后将安西、北庭的土地割给吐蕃。李泌不赞成这种做法。他认为安西、北庭控制西域、突厥，又牵制吐蕃，朝廷在那里苦心经营多年，不能拱手让给吐蕃。德宗采纳了他的建议。

贞元三年（787 年）六月，李泌由陕虢观察使升为中书侍郎、同平章事，第一天上朝就要求德宗保护李晟、马燧等有功之臣，也要求这些功臣不要因居高位而起异心。七月，李泌查核在京的胡客，有田宅的人停止供给，为国家节省了大量钱财。八月，德宗听信谗言，想废太子，幸得李泌直言进谏相救。此外，李泌还分别于贞元元年（785年）七月和贞元三年（787年）正月，安定陕虢局势，平定淮西吴少诚的叛乱。

李泌复出担任宰相以来，颇有政绩，为国家社稷安定献策出力，作出了重大贡献。

王仙芝黄巢起义转战天下

王仙芝，濮州人（今山东鄄城北）。乾符二年（875年）在长垣（今河南）发动农民起义，黄巢率众响应，五月，王仙芝战死，黄巢率起义军在亳州建立了农民政权——大齐政权，自称冲天大将军。884年黄巢兵败身亡，起义历时九年之久，这是中国古代第一次高举"平均"旗号的农民起义。

875年春，王仙芝在长垣起义，自称"天补平均大将军"，攻克曹州、濮州。黄巢也起兵响应。义军挥师中原，逼近沂州、洛阳，唐朝廷大为恐慌，调各路军队镇压。二月黄巢与王仙芝攻下鄂州、郢州、复州和荆南罗城。二月王仙芝在黄梅兵败被杀。王仙芝余部由尚让率领与黄巢会合作战。

唐人所书黄巢记事墨迹

878年3月黄巢率军攻克亳州，众推黄巢为黄王，号冲天大将军，建立官制和

农民政权。随后挥师北上，再次攻克濮州。朝廷调遣张自勉为东北面行营招讨使，率兵围剿义军。起义军在不利形势下往南转移，由滑州略宋、汴。唐军调集军队围攻。黄巢于是率军经淮南转往长江一带，在和州与宣州间横渡长江，攻占南陵，杀死唐将王涓。由于唐宣歙观察使王凝固守宣州，义军未能攻下，5—6月转攻润州（今江苏镇江）。唐朝廷派高骈为镇海节度使带兵镇压，黄巢主动撤出，南行攻打杭州。8月，攻入杭州城内，烧毁官府文书档案等，释放在押犯人，没收地主官吏财产，发布文告，开仓赈济百姓。9月，攻占越州（今浙江绍兴），唐浙东观察使崔璆逃走。唐廷派张璘阻遏，黄巢于是转战福建，开山路七百里入闽，破建州，12月攻占福州。乾符六年（879年）六月，黄巢占领广州，俘获岭南东道节度使李迢。但因黄巢军中北方士兵在广州水土不服，很多人染瘴疫而死，部将劝黄巢北上以成大业。十月，黄巢率军从桂州出发北伐。

黄巢攻入长安即帝位

唐朝末年王仙芝、黄巢领导的农民起义历时九年之久，转战大半个中国，沉重打击了唐朝的统治基础。881年黄巢率起义军攻入长安，黄巢在长安称帝，建立了大齐政权。882年起义失败，黄巢自杀。

唐懿宗时期，统治集团日趋腐败，苛捐杂税加重了人民的负担，社会矛盾空前激化，加之连年灾荒，农民纷纷逃亡起义。乾符二年（875年）王仙芝在长垣发动起义，自称"天补平均大将军"，黄巢率众响应，五月，王仙芝在黄梅战死，其余部报奔黄巢。众推黄巢为黄王，号冲天大将军。黄巢挥师北上，攻克沂州、濮州，南下攻越州，又转战福建，乾符六年九月攻克广州，兵士达十万人。黄巢发布文告，痛斥唐朝统治者的腐败行径，号召贫苦农民起来推翻唐朝黑暗统治，百姓纷纷响应。乾符六年冬，黄巢再度率军北伐，

黄巢入长安图

自桂州出发，沿湘江北上，连攻下潭州等地，各地藩镇惶恐不安，不敢出战。十一月，起义军突破长江占领东都。接着又突破潼关唐军防线，又占领华州，黄巢命部将留守，自己率军直攻长安，唐僖宗带领少数嫔妃官吏在田令孜所率的五百神策军的护拥下仓惶逃往成都。同日，黄巢军前锋将紫存进入长安。唐金吾大将军张直方率文武百官迎接黄巢入长安。黄巢金装肩舆，率军浩浩荡荡地进入长安居民，又杀了留在长安的唐室遗族。

881 年 12 月 13 日，黄巢在长安称帝，国号大齐，改年号金统。启用唐四品以下官员，罢免三品以上唐官员，处死一批拒降的唐高级将领官员，没收地主财物。任命尚让为太尉兼中书令，赵璋兼待中，唐降将崔璆、杨希古为宰相，孟楷为左右仆射，但黄巢政权没有提出明确的经济纲领，没有抓生产建设，也没有乘胜追击唐朝的残余军队，给了敌人以喘息的机会，加上巢将朱温叛变。在陈州等几次战役中黄巢军连连失利。

朱温降唐

朱温，即朱克用，初为黄巢起义军将领，中和二年（882年）九月降唐，使起义军势力大减。

中和二年九月初，唐朝河中军三十艘粮船路经夏阳时被朱温军队所夺，唐廷遣河中节度使王重荣领三万军前往救援。朱温凿沉粮船，准备与唐军决一死战，同时请求黄巢发兵援救，但求援信几次都被左军使孟楷截住不报黄巢，而朱温军已被唐军包围。唐诸军行营都监杨复光派使向朱温招降，士人谢瞳也极力劝说朱温降唐。朱温见黄巢军队日益衰弱，大势已去，于是杀监军严实，与部将胡真、谢瞳一起以同州（今陕西大荔）降王重荣。朱温母姓王，与王重荣同姓，故朱温称王重荣为舅。唐朝廷授予朱温同华节度使，又授右金吾大将军、河中行营招讨副使，赐名全忠。朝廷派遣朱全忠讨伐黄巢起义军。

朱温降唐，极大地削弱了黄巢军的势力，动摇了军心。随后，驻守华州的黄巢部将李祥见王重荣优待朱温，也想效仿降唐，被黄巢发觉后杀死，黄巢任命其弟黄邺为华州刺史。

黄巢退出长安

黄巢在长安建立政权以后，唐廷派兵围攻。中和三年（883年）四月八日李克用军大败黄巢，黄巢放弃长安。

为了抗击黄巢起义军，唐朝廷在代北监军陈景思的请求下赦免李国昌、李克用父子之罪，派遣李克用率沙陀军和鞑靼士兵四万人进攻起义军。李克用沙陀兵着黑衣，故称鸦军，勇猛异常，黄巢派人以重金贿赂李克用被李拒绝。中和三年正月，李克用将李存贞在沙苑大败黄巢之弟黄揆军队。唐廷任命李

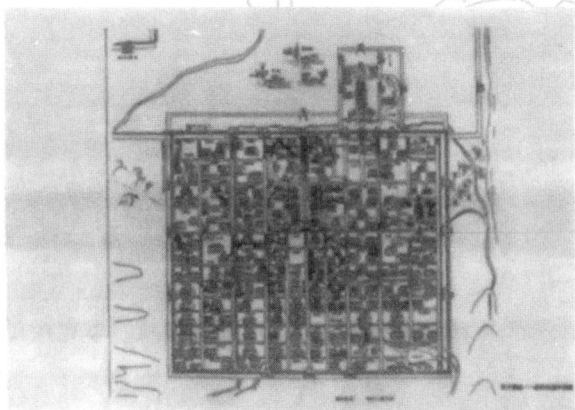
唐长安示意图

克用为东北面行营都统。李克用进军乾阮，联合河中、易定、忠武军在梁田陂与尚让率十万起义军展开激烈决战，结果尚让战败，死数万兵士，起义军从此元气大伤。齐将王播、黄揆出兵占领了华州，并向尚让救援。三月李克用在零口（距长安仅95里）又败尚让所率援军，占领华州，黄揆弃城逃走。李克用军占领长安以东几乎所有地方，又分兵进入渭北，准备进攻长安。

黄巢军连战连败，城中粮食短缺。黄巢派三万兵守蓝田，以备撤军之用。李克用联合忠武、河中、义成、义武等军进攻长安城，黄巢军与李克用军在渭桥展开激烈战斗，大败。李克用从光泰门进入长安城。黄巢无力抵挡，于是焚毁宫室放弃长安撤离到蓝田。四月黄巢率军从蓝田撤到高山途中，故意在路上遗留很多珍宝。唐追兵沿途争相拾取，行军速度很慢，于是农民起义军从容不迫地撤出了关中。

从长安撤离以后，黄巢转战河南，在蔡州击败秦宗权所率军队，蔡州节度使秦宗权降巢。击降蔡州是黄巢撤出长安后的一个巨大胜利。随后起义军转攻陈州，在陈州城北建立宫室百司，又纵兵掠许、汝、唐、邓、孟等州补充军粮。中和三年三月朱全忠被授为东北面都招讨使，出兵攻黄巢以解陈州之围。

李克用助唐

李克用像

沙陀李国昌、李克用父子因叛唐兵败，逃奔鞑靼部落。广明二年（881年）三月唐朝廷赦免李克用罪并委任其为帅讨伐黄巢起义军。

881年黄巢起义军攻入长安，建立大齐政权，唐僖宗逃往成都，唐朝伺机反扑。二月，代北监军陈景思率沙陀酋长李友金及萨葛、安庆、吐谷浑诸部攻长安。绛州刺史沙陀人瞿稹与李友金在代北招募了三万多士兵，都是北方杂胡，犷悍骠横，瞿稹及陈景思无法统领。陈景思于是上书唐僖宗，请皇上赦免李国昌、李克用父子之罪，委任李克用为元帅以抗击黄巢军，统领沙陀兵士。中和元年（881年）三月僖宗同意并派李友金赴鞑靼迎接李国昌、李克用父子。五月，李克用奉诏率兵五万讨伐起义军，在阳曲、榆次等地抢掠粮食财产，攻占忻、代两州，次年又攻占蔚州。又率兵四万前往河中。中和二年十一月，唐朝任命李克用为雁门节度使。李克用接受唐廷"击巢自赎"的条件，率三万五千沙陀兵赴河中参战。次年正月，李克用在沙苑大败黄巢之弟黄揆所率军队，旋即进军乾阮，并与河中、易定、忠武等军联合大败尚让所率十万军队，在梁田坡杀死起义军数万人。唐廷任命李克用为东北面行营都统。然后李克用围攻华州，在零大败尚让援军，三月占领华州，守将黄揆逃走。四月，李克用会合忠武、河中、義成、义武军联合攻长安，在渭桥大战，击溃黄巢军，黄巢率部下焚宫室，弃长安撤到蓝田，李克用因破黄巢入长安有功被诏授为同平章事和河东节度使，李国昌为代北节度使。

黄巢兵败身亡

唐朝末年黄巢领导的农民起义军转战南北，建立了大齐政权，攻克唐都长安，但由于没有乘胜追击，给了敌人以喘息的机会，加上朱温降唐，与李克用所率沙陀兵一起抗击起义军，起义军连连受挫，882年黄巢退至狼虎谷时兵败自杀，起义以失败告终。

黄巢塑像

中和四年（884年），起义军围陈州五百多日不克，于是退军故阳里，引兵西北攻汴州，朱全忠引兵回防，李克用率沙陀骑兵与忠武都监田从异所率许州兵北追起义军，在王满渡大败黄巢军，杀万余人，起义军主力大损。五月七日，宣武节度使朱全忠在汴州城南尉氏门外、繁台、瓦子寨又大败尚让

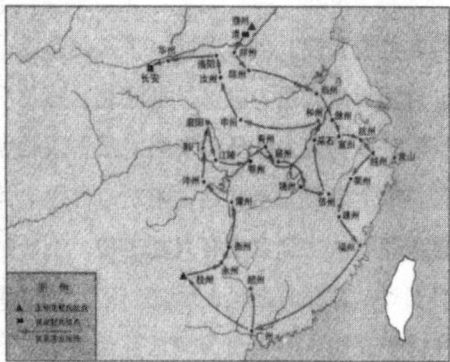

黄巢起义路线图

所率大齐军，几万起义军战死。八日，尚让因兵败竟率万余人投降唐感化军节度使时溥。义军其他将领也率其残部（李谠、霍存、葛从周、张归霸、张归厚）投降朱全忠。黄巢众将叛离，兵力不济，只好放弃汴州北上。在封上又遭李克用沙陀骑兵攻击，大败，仅带一千多人逃往兖州。十五日在莱芜县

北又被时溥所遣李师悦、陈景瑜追杀，所剩无几。黄巢带领少数几个亲眷随从逃到泰山狼虎谷，自刎身亡。黄巢外甥林言斩黄巢兄弟妻儿首级献给时溥，半路被沙陀军截杀，黄巢亲兵家眷姬妾都被杀或押至成都处死。历时达九年之久的唐末农民起义终于以失败为结局。但黄巢领导的农民起义严重动摇了唐朝的统治，唐朝因此迅速走上衰亡，最后被朱全忠取而代之

李克用被贬

李晔（昭宗），于大顺元年（890年）五月下诏削李克用官爵，命宰相张浚等联兵征讨。

河东节度使李克用攻城掠地，西河诸镇与李交恶已久。三月，李克用兵攻云州防御使赫连铎，卢龙节度使李匡威以三万兵助赫连铎。战中，李克用失火将金安俊，自己返回。于是赫连铎、李匡威上表请讨伐李克用，朱全忠也请朝廷命大臣为统帅，率河北三镇及汴军共征河东。宰相张浚自比谢安、裴度，以功名为己任，劝昭宗强兵以服天下，唐廷于是在京师招募了十万士兵。朱全忠等表至朝廷，昭宗命群臣集议，李克用夺城攻地引起百官疑惧。但李晔等认为李克用有兴复之功，不可乘危而讨。独孔纬认为不讨李克用以图安甫，是一时之机；反之，则为万世之利。五月，诏削李克用官爵，下令征讨李克用。以张浚为河东行营都招讨制置宣慰使，京兆尹孙揆为讨使；以朱全忠为南面招副使；李匡威为北面招讨使，赫连铎为副使。六月，张浚会宣武、镇国、静难、凤翔、保大、定难诸藩镇军于晋州，为河东将李嗣源击败，张浚率官军至汾州，镇国节度使韩建夜袭河东不利，静难、凤翔之兵不战而走。十一月，张浚遁返，丧师殆尽。李克用占领晋、绛二州，上表向朝廷讼冤，朝廷震恐。

赵匡胤杯酒释兵权

建隆二年（961年）七月，宋太祖赵匡胤宴请禁军宿将，以温和的方式解除了他们的兵权。

应邀参加这次宴会的，有高级将领石守信、高怀德、王审琦、张令铎、赵彦徽等。酒过三巡，太祖屏退左右，对他们说："我能有今天，多亏了诸位。但是做皇帝也不容易，还不如当个节度使自在逍遥。多少大来，我一直未敢高枕而臣人。"守信等人忙问其故，太祖说："这不难理解。谁不想高居皇位呢？"守信等人仍不明白，

宋太祖赵匡胤

认为国家早已安定，不会有谁敢生异心。太祖道："列位固无异志，但若部下有贪图富贵之人，有朝一日也强将黄袍加身，你们不想当皇帝也不行了。"石守信等人才如梦方醒，哭着请太祖指一条生路。太祖便委婉诱导他们交出兵权，出守藩镇，多买良田美宅，为子孙创下永久的家业。还可多养些歌儿舞女，每日饮酒取乐，以尽天年。这样，君臣之间互不猜疑，上下相安。

石守信等人大悟，第二天便上表假称有病，要求解除兵权。太祖欣然同意，罢免了他们的军职，任命石守信为天平节度使，高怀德为怀德节度使，王审琦为忠正节度使，张令铎为镇宁节度使。殿前都点检、副都点检一职此后也不再设。

这就是有名的"杯酒释兵权"。不久以后，太祖用同样的方法罢免了各藩镇的节度使。至此，禁军与藩镇的兵权都集中到了赵匡胤手里。

杨业兵败捐躯

雍熙三年（986年）七月，武将杨业在陈家谷兵败被俘，不食三日而死，引起朝野震动。

杨业，原名重贵，麟州新秦（今陕西神木）人。太平兴国四年（979年），太宗平北汉，杨业降宋，被任为知代州兼三交驻泊兵马部署。第二年，在雁门关之战中大败辽军。

雍熙三年，宋军分3路北伐，潘美为云应路都部署，杨业为副将。北伐军队连克寰（今山西朔县东）、朔、应、云（今山西大同）4州。后来因为东路军在岐沟关大败，奉命撤军，并护送云、应诸州百姓内迁。此时，契丹山西兵马都统耶律斜轸正攻克寰州，兵势强盛。杨业提出率兵出大石路，令云应各州百姓入石碣谷，以避敌锋，保证百姓及军队安全的作战计划，遭到潘美和监军王优等人的反对和诬蔑，被迫冒险从石峡路到朔州迎敌。杨业临行，哭着求潘美在陈家谷口接应。但潘美、王优等却擅离谷口，听到杨业兵败的消息，非但不前去救援，反而率兵逃跑。杨业遭契丹军队伏击，拼死血战，自日中战斗到夜晚，辗转退到陈家谷口不见援兵，再率部下力战，全军覆没，杨业受伤被俘，英勇不屈，不食三日而死。

杨业之死引起朝野震动，太宗追赠杨业为太尉、大同军节度使，潘美削三任，王优除名编管。

杨业之子杨延昭、孙杨宗保，曾孙杨文广等抵御辽夏军队也屡建战功，被后人称为"杨家将"。

北京古北口杨令公祠

杨业雁门关大捷

太平兴国五年（980年）三月，辽为雪满城之耻，命西京大同府节度使、驸马、侍中萧咄李率兵10万杀奔雁门关，又一次大举攻宋。宋知代州兼三交驻泊兵马部署杨业，率数百精骑绕过辽军，在敌后迂回，出其不意，由雁门关北口南向袭击辽军。辽军攻关受挫，"后院起火"，顿时溃乱。雁门关守军趁势开关掩杀过来，前后夹击，辽军大败溃逃，驸马萧咄李被杀，马步军都指挥使李重诲被活捉。

雁门关

雁门关大捷的指挥者杨业，原名刘继业，北汉勇将，号称"无敌"。太平兴国四年（979年）五月，宋伐北汉，刘继元献城投降后，刘继业还继续据城苦战。宋太宗爱其忠勇双全，很想收归己用，于是命刘继元招抚刘继业。刘继业为保全城中百姓，开城受降，迎接宋军。宋太宗授右领军卫大将军，复姓杨氏，名业。后又任命杨业为郑州防御使。十一月，宋太宗委以知代州兼三交驻泊兵马部署的要职。

岳飞等平乱

宋绍兴元年（1131 年），宋廷命神武右军都统制张俊为江南招讨使、岳飞为副使，负责平定李成乱军。年初，张俊大军到达豫章（今江西南昌），李成乱军驻扎在江州（今江西九江）。张俊先集中兵力，三月初收复筠州，三月底又收复江州，李成败逃至蕲州（今湖北蕲春）。五月，张俊、岳飞大军追到蕲州黄梅县（今湖北），乱军大败，李成投降了伪齐。

南宋《墨龙图》，陈容画。

绍兴元年五月，舒、蕲镇抚使兼知蕲州（今湖北蕲春）张用招纳流民，公开与宋朝庭对抗。同月，张用率乱军南下江西掠扰。当时岳飞正驻兵于江西，他与张用同是相州汤阴（今河南汤阴）老乡，于是岳飞写信给张用进行招降，张用随后便向岳飞投降，部众被整编为宋朝正规军队。由此，江淮乱军被平定。张俊奏捷朝廷，并称岳飞军功最大，于是皇帝将岳飞官职晋升为右军都统制。

绍兴二年正月，福建起义军首领范汝为攻入建州，韩世忠率步兵三万人破城，范汝为自焚而死。建州之乱由是被平定。

绍兴二年二月，宋廷命岳飞权知潭州兼荆湖东路安抚都总管，讨伐、招安乱军曹成。闰四月，岳家军连败曹成乱军于贺州莫邪关、桂岭关，俘其勇将杨再兴。曹成逃奔连州（今广东连县）。岳飞命张宪追击。曹成败军再逃，后于五月为进驻豫章（今江西南昌）的韩世忠大军所败，乃率众投降韩世忠。

绍兴三年六月，宋高宗派岳飞赴虔州（今江西赣州）平定起义军彭友之乱。岳飞率大军至虔州，彭友率众在于都迎战。岳飞在马上活捉了彭友，余众均降官军。从前，隆祐太后曾在虔州受惊，高宗因此密令岳飞屠城。但是，岳飞请求只诛首恶、赦免民众，高宗答应了。虔州百姓感谢岳飞爱民、为民请命，于是绘像、设祠堂祭祀岳飞。

绍兴三年八月，高宗命岳飞赴临安面圣，岳飞乃携长子岳云于九月九日至临安，13 日高宗召见岳飞，并赏赐金带器甲、战袍戎器，另特赐锦旗一面，上绣高宗手书"精忠岳飞"四字。此后，"精忠"成为岳家军的灵魂与象征。同月，高宗又任命岳飞为江西、舒、蕲州制置使，所部也由神武副军改称为神武后军，防区跨长江两岸，自舒州至蕲州，联结中原腹地。十二月又令李横、翟琮、董先、李道、朱皋等抗金部队听从岳飞调遣。从此，岳飞成为与刘光世、韩世忠等相提并论的宋军主将。

岳飞开始北伐

宋绍兴四年（1134 年）春，岳飞上书宋廷请求北伐齐，收复襄汉。宋廷经过反复讨论，决定由岳飞率军出师北伐。五月，岳家军自鄂州（今湖北武汉）渡江北伐。首先攻克郢州（今湖北钟祥），杀敌 7000，尸横遍地。接着兵分两路，命部将张宪进攻随州，岳飞自己则率主力直取襄阳府（今湖北襄樊）。齐将领李成闻讯，急忙弃城北逃，岳飞军兵不血刃收复该城。六月，张宪又攻克随州，齐政权急忙集结三十万重兵在李成的带领下进行反扑，又被岳家军击溃。七月，金朝为阻挡岳家军继续北上，派援军与李成合兵数万，在邓州西北方向排列三十余营寨，企图与宋军决战。岳飞命部将王贵、张宪各率军一部，从东西两个方面进军邓州，同金、齐联军展开激战。随即命王万、董先两军出奇兵突袭，一举击败金、齐联军，岳飞乘胜攻拔邓州，然后岳飞又分兵相继收复唐州（今河南唐河）及信阳。通过这次战役，南宋头一次收复了襄汉大片失地，是宋立国以来局部反攻的一次大胜利。至此，襄阳六郡全部光复。八月，岳飞晋升为靖远军节度使，成为与韩世忠、刘光世、张俊并列的南宋初年四大主将。

宋画《中兴四将图》之岳飞像

韩世忠大破金兵

宋绍兴四年（1134年）十月，韩世忠大军到扬州，韩世忠令部将统制解元率部镇守承州（今江苏高邮），防御来犯的金国军队。韩世忠又率骑兵驻防于大仪（今江苏扬州西北），这时恰逢宋国使臣魏良臣出使金国路过此地。韩世忠于是把部队所用炊具全部撤去，诈称有诏令要把军队移防于平江（今江苏苏州）。魏良臣北去之后，韩世忠立即在大仪镇布下重兵，布成五阵，设伏二十余处，并约定以鼓声为号向敌军发起攻击。魏良臣到达金国后，金军前将军聂儿孛堇向其打听宋军情况，魏良臣把所见到的告诉了他。聂兀孛堇于是率部来到江口，其将挞不野则率骑兵经过宋军五阵的东部。宋军伏兵四起，

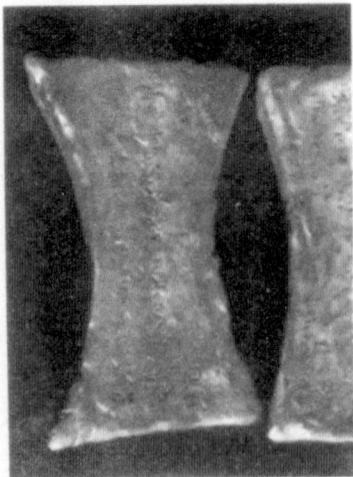

宋代政和银锭

《中兴四将图》，刘松年画，绘南宋初将领刘光世、韩世忠、张浚、岳飞（从右至左）。

亲兵精锐背嵬军各持长斧，上砍人胸，下砍马足，金兵大败。挞不野等两百余人被俘。韩世忠又派部将董日文在天水（今安徽炳辉）鸦口桥一带伏击金军。统制解元亦在承州北门与金军激战，宋军成闵率骑兵前来增援，最后杀敌百余人，俘获甚众。韩世忠又亲率军队追击金兵一直到淮水（今安徽凤阳北），金军惊溃，死者甚众。当时舆论认为此次大捷为中兴武功第一。

同年十二月，金军因粮尽及金太宗生病而退兵。淮甸一派残敝景象，朝廷上下均视之为畏途，唯有韩世忠愿意领兵前往。于是次年三月，韩世忠携夫人梁红玉，率大军自镇江出发，全师过江，进驻楚州（今江苏淮安）。夫妇二人身先士卒，披荆棘，立军府；抚集流散之民，通商惠工；打击金兵。此地后来成为苏北重镇。

绍兴六年二月，张浚命京东宣抚使韩世忠从承、楚二州出发攻打淮阳（今江苏邳县西南）。韩世忠领命围住淮阳，敌我双方相持不下。刘猊及金兀术率金援军先后到达淮阳，宋军兵力不足，韩世忠于是向江东宣抚使张俊求救，张俊不肯发救兵，韩世忠只好退守楚州（今江苏淮安），途中又遭遇金军，宋军将其击退。同时淮阳民众跟随韩世忠南归的人有上万。四月初，因淮阳之役高宗赐韩世忠号扬武翊远功臣。

刘锜大败金兵于顺昌

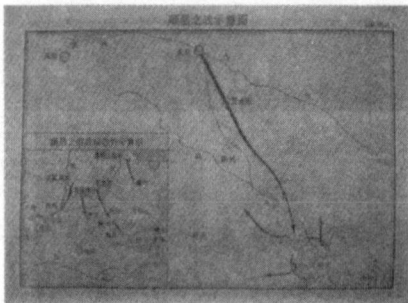

顺昌之战示意图

宋绍兴十年（1140 年）五月，完颜宗弼（兀术）等毁和约南下，率主力十余万进攻宋国东京。南宋河南、陕西各地守臣多半是议和之前的大齐旧官，所以闻知金军进犯，纷纷献城投降。

宋廷委派的新任东京留守刘锜率八字军 2 万，原打算北上驻守东京开封，当行军到顺昌府（今安徽阜阳）时，听到金军已攻陷开封，并正向顺昌逼近的消息，于是在顺昌知府陈规的支持下决定坚守顺昌城，阻止金军南下。这时，金军前锋军韩常和翟将先到顺昌城外，刘锜乘其立足未稳，出兵夜袭，击败金军先锋，首战告捷。三日后，金国的龙虎大王和三路都统完颜褒、突合速等又率军从陈州前来围攻顺昌府，共三万兵马之多。宋军在刘锜的指挥下凭城坚守，以劲弓强弩击退了金军，战斗打得非常激烈。紧接着，乘雷雨之夜，刘锜派步兵偷袭金军营寨，又一次击败金兵。到同年六月，宗弼亲率金军十余万抵达顺昌，准备向城东、西两门发起猛攻，并令四千重甲精骑兵往来为援军。于是完颜宗弼大军再一次把顺昌城团团围住，战势非常危急。当时刘锜所部不满二万，而可以出战杀敌者不过五千人左右，但是宋军将士同仇敌忾，士气高昂，纷纷要求出击与金军决一死战。

刘锜审时度势，抓住金军不惯酷暑的弱点，以逸待劳，集中力量，选择重点突击金军。于是待午后天气炎热、金军人困马乏之际，以精兵五千人潜出南门，攻击金军侧翼，金军大乱。同时又以竹筒掷豆计破金军精锐，金军损伤无数。金军抵抗不住，被迫败退，顺昌围解。

此次战役，刘锜以少胜多，大败金军，金军由是转入防御。

岳飞被害

在解除三大将的兵权之后，宋高宗赵构、秦桧为了彻底实现控制军队和压制主战派的目的，开始了陷害岳飞、韩世忠等的阴谋活动。宋绍兴十一年（1141年）五月，高宗命张俊、岳飞前往楚州（今江苏淮安）"按阅御前军马"，以收拾韩家军，但岳飞挫败了这一阴谋。于是，秦桧等对岳飞更为怨恨。

同年七月十六日，秦桧指使其党羽右谏议大夫万俟卨弹劾岳飞，诬陷其"志满意得，日以颓惰"、散布"山阳（楚州旧名）不可守"、"沮丧士气"，并造谣说

杭州岳王庙

杭州岳坟，左侧为岳飞之子岳云墓

杭州岳飞墓墓阙，对面照壁有"精忠报国"四字。

099

淮西之役岳飞抗旨不遵，欲置岳飞于死地。宋高宗对弹劾奏章予以赞同，岳飞被迫提请辞职。八月，高宗下诏免去岳飞枢密副使之职。九月，秦桧与张俊密谋诬陷岳飞，并指使王俊诬告岳飞部将张宪谋反，先将张宪、岳云下大理寺狱。十月，岳飞也被骗入狱。秦桧命御史中丞何铸、大理卿周三思审讯，岳飞裂衣示其背所刺"精忠报国"四字，以明心迹。何铸知道岳飞是冤枉的，向朝廷力辩其无辜。秦桧为达其目的，乃改命万俟卨主审此案。岳飞见无理可喻，悲愤交加："我现在才明白既落入国贼秦桧之手，从此便不能再为国尽忠了！"他闭上双眼，任凭百般拷问，始终没有屈服，最后只在供状上写下"天日昭昭！天日昭昭！"八个大字。在此期间，许多主持正义的官员们纷纷为岳飞抱屈、鸣冤，但均遭到贬官甚至杀头的对待。

十二月二十九日，高宗和秦桧竟然以"临军征讨稽期"和"指斥乘舆"等莫须有的罪名将岳飞毒死，张宪、岳云亦被斩首。岳飞死时，年仅39岁。岳飞、张宪的家属被分送广南、福建路拘管，岳飞部下于鹏、孙华等也被牵连治罪。

岳飞惨遭杀害之后，天下百姓无不垂泪，甚至三尺孩童都切齿痛恨卖国贼秦桧。孝宗赵眘继位后，立即为岳飞平反昭雪，赐岳飞谥号武穆。到嘉泰四年（1204年），宁宗赵扩又追封岳飞为鄂王。

韩世忠、张俊、岳飞被夺兵权

宋绍兴年间，韩世忠统领前护军八万人、张俊统领中护军八万人和岳飞统领后护军十万人，分驻淮东、淮西和京西地区抗金前线，打击并箝制着南下金军，维护着南宋半壁江山的统治，并逐渐成为南宋军队三大主力。

宋廷一向担心将帅权重会威胁自身的统治，宋金淮西之战后，双方和议已接近成熟，宋高宗、秦桧等为扫清和议障碍，决定削夺大将兵权。绍兴十一年（1141年）四月，以赏柘皋大捷为名义，召韩世忠、张俊、岳飞三大将在临安面圣。不久，宣布韩世忠、张俊改任枢密使，岳飞改任枢密副使。紧接着，撤消淮东、淮西、京湖等三个宣抚司，同时取消前护军、中护军、后护军番号；三宣抚司统制官以下都冠以"御前"两字，直接听候三省、枢密院取皇旨调发，这就从根本上切断了三大将与原部属将士的联系。此外，宋廷还提高了各军总领们的职权，使之预闻军政，实际上起着监军的作用。

结果，三大将明知阴谋，却全都俯首听命，各自交出手中兵权，莅临新职。这样，在没有引发任何事端的情况下，宋高宗赵构在宰相秦桧的帮助下，使用明升暗降的手法，顺利地解除了韩世忠、张俊、岳飞等三宣抚使的统兵权。

辛弃疾作《美芹十论》

辛弃疾南归之后，虽然官职低微，但仍对恢复中原的事业充满热情和希望。在他南归的第二年，南宋军北伐失利，朝廷又倾向于对金议和。26岁的辛弃疾不顾官微言轻，慨然上书进言献策。乾道元年（1165年），辛弃疾写了《美芹十论》（即《御戎十论》）献给宋孝宗。论文分析了当时整个抗金形势，前三篇为《审势》《查情》《观衅》，指出了女真统治集团内部存在着尖锐的矛盾及北方人民对女真统治者的怨恨；后七篇为《自

南宋《溪山清远图》，夏圭画。

治》《守淮》《屯田》《致勇》《防微》《文任》《详战》，提出了一整套自治强国的战略方针和具体规划。数年后，他又写了《九议》上宰相虞允文，进一步阐发《美芹十论》的思想，系统地批驳了投降主义的观点。这些主张虽然未被统治者采纳，但充分显示了辛弃疾对祖国统一大业的关心和经纶济世的非

凡才能。

辛弃疾南归后的第二个十年是在几处地方官任上度过的。在地方官任上，辛弃疾仍不忘抗金大计。他"教民兵，议屯田"，训练地方武装"飞虎军"，"军成，雄镇一方，为江上诸军之冠"（《宋史·辛弃疾传》）。尽管辛弃疾政绩卓著，但他远大的政治抱负，他不向投降派妥协的政治立场，以及他南下"归正"的身份和在朝廷中不受信任的孤危政治地位，仍使他处于一种恶劣的政治环境中，受到百般打击和排斥。在用武无地、报国无路、恢复无望的情况下，辛弃疾将一腔忠愤及抑郁之情寄之于词，写下了许多充满爱国激情和政论色彩的词作。

辛弃疾的这类词向来被人称作"英雄之词"，坚持抗金、渴望统一是这些词最重要的内容。他词中时时流露出对被分裂的北方的怀念——"郁孤台下清江水，中间多少行人泪"，"西北望长安，可怜无数山"。他不但经常在词中写下"西北有神州"、"西北是长安"等句子，还强烈希望南北统一。在［水龙吟］（渡江天马南来）中，他长叹："……长安父老，新亭风景，可怜依旧。夷甫诸人，神州陆沉，几曾回首！"在与朋友唱和时，他高歌："我最怜君中宵舞，道'男儿到死心如铁'。看试手，补天裂。"他时刻把抗金的"弓刀事业"挂在心头——"醉里挑灯看剑，梦回吹角连营。八百里分麾下炙，五十弦翻塞外声，沙场秋点兵"。对历史上建功立业"整顿乾坤"的英雄人物，他充满赞叹——"年少万兜鍪，坐断东南战未休。天下英雄谁敌手？曹刘，生子当如孙仲谋"。这些词传达了强烈的爱国主义思想和高昂的战斗精神，最能体现辛弃疾的英雄本色。

辛弃疾这类词的另一突出内容是批判了朝廷的黑暗政治，表现了对南宋统治集团的极大愤慨。他讥讽南宋小朝廷是"剩水残山无态度"，是"斜阳正在烟柳断肠处"。在［太常引］（一轮秋影转清波）中，他以"斫去桂婆娑，人道是清光更多"隐喻除掉主降派，光复山河的希望；在［水调歌头］（长恨复长恨）中，他讥刺言行悖逆、轻重倒置的南宋朝廷——"一杯酒，问何似，身后名？人间万事，毫发常重泰山轻"。他对主降派干扰破坏抗金事业充满忧虑，加以谴责："举头西北浮云，倚天万里须长剑。人言此地，夜深长见，斗牛光焰。我觉山高，潭

空水冷，月明星淡。待燃犀下看，凭栏却怕，风雷怒，鱼龙惨……"从这些词中，可以看到辛弃疾清醒的政治眼光和忧国忧民的情怀。这些词作具有政论的某些特色，与他的《美芹十论》《九议》在精神上一脉相承。

辛弃疾本是以功业自许，以气节自负的"一世之豪"，但南归后他的抱负和才华一直得不到实现和发挥，这就不能不在词中表现他的愤慨和不平。在［摸鱼儿］（更能消几番风雨）中，他以《离骚》中香草美人的比兴句法，表现了志不得伸的抑郁和失意小遇的悲怨，流露出对南宋王朝"爱深恨亦深"的矛盾心情。在［鹧鸪天］（壮岁旌旗拥万夫）中，他以自嘲的口吻，感慨自己闲置不用的处境："追往事，叹今吾，春风不染白髭须。却将万字平戎策，换得尔家种树书。"而"短灯檠，长剑铗，欲生苔。雕弓挂壁无用，照影落清杯"的描写，"生怕见花开花落，朝来塞雁先还"的感叹，则形象地抒写了他对自己虚度年华的愤慨和苦闷。这些词中交织着复杂而又矛盾的心情，构成了辛词中沉郁的一面。

辛弃疾的这些词在艺术上有极高成就。首先，他在词中创造了雄奇阔大的意境，这取决于他个人远大的政治抱负和独特经历。在［永遇乐］（千古江山）中，他通过"舞榭歌台"、"斜阳草树"、"寻常巷陌"等富于历史意味的遗迹，把时空联系起来，营造出一幅既苍凉又深远的图景；在［永遇乐］（何处望神州）中，他把登临怀古和感慨国事高融一处，境界开阔，感情深沉。其次，辛弃疾发扬了苏轼的豪放词风和南宋初期词人的战斗精神，还继承了楚辞中以香草美人为喻的传统，形成了个人慷慨激昂而义沉郁深曲的风格，既有"壮岁旌旗拥万夫"的雄放，又有"更能消几番风雨"的婉曲。

此外，辛词的语言也独具特色。前人说苏轼以诗为词，辛弃疾则以文为词，以论为词，在词中带有策论的色彩。他还广泛引用古近体诗、经史、小说的书面语言和典故以及民间口语入词，熔铸百家，挥洒自如。但有的词用典和议论过多，流于晦涩艰深，有"掉书袋"之弊。

辛弃疾这些抒写爱国情怀、表现了铁血男儿的英雄气概的词作，是他的词中最有光彩的瑰宝。

阿骨打建金反辽

宋陵石雕

辽天庆三年（1113 年）十二月，女真联盟长乌雅束死，其弟阿骨打嗣位，称都勃极烈。

女真族长期生活在中国东北地区"白山黑水"（今长白山，黑龙江流域）一带。战国时期被称作"肃慎"，后来名称几经变化，在辽朝统治下，确定其名称为"女真"。

辽初，女真有 72 个部落，过着游牧打猎生活。后来，其中的完颜部强大起来，乌古乃为首领时，使诸部归附于完颜部。辽天庆三年，乌雅束死，其弟阿骨打继位，阿骨打承前代富庶之余，兵强马壮，在他的领导下，女真族的历史进入一个崭新的发展阶段。

辽天庆四年（1114 年）九月完颜阿骨打（金太祖）起兵反辽。

耶律延禧（天祚帝）即位之后，契丹贵族对于女真的压榨勒索愈来愈严重。并且经常对女真人加以侮辱，称为"打女真"。

本年七月，完颜阿骨打集诸部辖兵 2500 人，发动了反辽的战争。

十月，首先攻下辽朝东北边防重镇宁江州，又败辽兵于河店，所向无敌。

金收国元年（1115 年）正月，在反辽战争的胜利进军中，完颜阿骨打（金太祖）建立金国。

完颜阿骨打去世

金天辅六年（1122年）、辽保大二年，金太祖阿骨打领兵亲征辽中京（今内蒙古自治区宁城西）后，天祚帝逃出燕京（今北京市）城，至鸳鸯泊（今河北张北县西北）、夹山（今内蒙古自治区萨拉齐西北），一直向西逃去。金太祖率军一路追赶。

金太祖阿骨打陵地

天辅七年（1123年）六月初一日，追至鸳鸯泊，由于路途鞍马劳累，身染重病，只得下令退还上京（今内蒙古自治区巴林左旗东）。八月，病逝于途中，年五十六，庙号太祖，谥武元皇帝，墓号睿陵。

阿骨打于辽天庆三年（1113年）为女真各部的都勃极烈，连败辽军，天庆五年称帝建立金国，击溃辽天祚帝亲征，连取辽上京、中京、西京、燕京，攻占了辽极大部分地区，一直把天祚帝赶到荒漠之地的夹山，辽已濒临灭亡。

金上京遗址

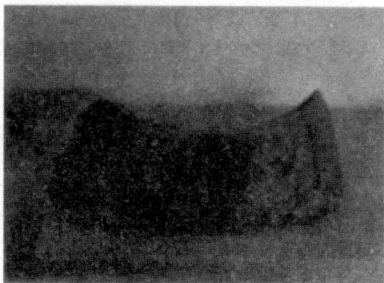

金上京遗址出土的瓦边

吴玠败金兵于仙人关

金天会十一年（1133 年）、南宋绍兴三年十一月，完颜宗弼（兀术）率金兵攻打和尚原。吴玠部将吴璘因粮草运输不继，于是拔寨退兵弃去，金军攻克和尚原。天会十二年（1134 年）、绍兴四年二月，兀术率十万大军从和尚原凿山开道，沿秦岭东下，进攻仙人关（今甘肃徽县南）。宋将吴玠自和尚原失守以后，即在仙人关筑垒，取名"杀金坪"，严阵以待。二月末，两军交战。吴玠率万余人守杀金坪，吴璘从阶州率军驰援，转战七昼夜，终于与吴玠合兵一处共同御敌。三月，金兵继续进攻。相持数日，吴玠派兵主动出击，以统领王喜、王武诸将分别率部攻入金营，金军败退，大将韩常被宋军射中左眼。兀术下令撤兵，退回凤翔（今陕西）。四月，吴玠率军出击，收复秦（今甘肃天水）、凤、陇（今陕西千阳）等州。此后数年。金军均不敢轻举妄动。

《中兴四将图》，刘松年画，绘南宋初将领刘光世、韩世忠、张凌、岳飞（从右至左）。

铁木真统一各部建立蒙古国

嘉泰四年（1204年），蒙古大汗铁木真削平群雄，征服了蒙古草原上的各游牧部落，结束了各部落长期割据混战的局面，建立了统一的大蒙古国。

蒙古各部一直居住在斡难河（今鄂嫩河）中上游和不儿罕山（今肯特山）地区。在蒙古部的周围，分布着塔塔儿（即鞑靼）、克烈、乃蛮、斡亦剌等强部。因为塔塔儿是其中最强大的一个部落，所以塔塔儿的名称一直作为这些部落的共同名称。直到铁木真统一各部，建立政权之后，这些部落才逐渐融合成一个共同体，采用"蒙古"作为民族的名称。

铁木真统一蒙古各部的斗争长达数十年。铁木真是乞颜氏人，起初没有什么兵力。他依靠父亲生前的结拜兄弟王罕的支持，势力迅速壮大起来。蒙古札只剌氏贵族札木合和泰赤乌氏贵族塔儿忽台等在"十三翼之战"中将铁木真击败，但不久铁木真又恢复过来。庆元二年（1196年），铁木真跟克烈部联合协助金军击败了蒙古草原上势力最强的塔塔儿部。铁木真被金朝封为"札兀惕忽里"，克烈部的部主脱里被封为"王"，其后被称为"王罕"。铁木真在金的庇护下，利用王罕的势力，在庆元六年、嘉泰元年先后击败了札木合、塔儿忽台的军队，他还联合王罕击败了乃蛮不欲鲁汗的进攻。

铁木真与克烈部王罕的关系一直是相互利用。一方面，铁木真力量弱小，需要王罕的庇护，逐渐发展；另一方面，王罕也把铁木真视为附庸，从他那里取得各种贡献。随着铁木真力量的壮大，他和王罕的矛盾终于激化。在击败乃蛮部的进攻之后，铁木真为他的长子术赤向王罕之子亦剌合桑昆的女儿求婚，遭到粗暴的拒绝。铁木真认为这是对他的侮辱，心中愤恨。王罕也担心铁木真会形成对自己的威胁，早就计划消灭铁木真。王罕密谋约许婚约，请铁木真赴宴，乘机杀害。消息泄漏，铁木真不去赴宴，结果两军在兰真沙陀大战。铁木真势小力弱，遭受惨败，只率领19骑人马脱身。铁木真与这19人同饮班朱尼河水，铁木真举手仰天誓与各位同甘苦，士气大振，部众纷纷归来。铁木真趁王罕部内发生内讧，组织力量偷袭，包围了王罕的营地，经过三昼夜激战，击溃了克烈部的主力。王罕仓忙出逃，被乃蛮人杀死。克烈部众全部沦为蒙古俘虏。

1204年，铁木真在纳忽昆山击败溃乃蛮部首领太阳罕率领的各部联军，并且乘胜追击到按台山，征服了太阳罕所属的乃蛮部众。篾儿乞部也在这年冬天战败投降。在以后的几年中，斡亦剌等部相继臣服，漠北各部都成了新建立的大蒙古国的臣属。

成吉思汗率军西征

蒙古太祖十四年（1219年）六月，成吉思汗率二十万军队西征中亚古国花剌子模。

1218年，蒙古与花剌子模国发生纠纷，起因是该国国王摩诃末下令杀死了前来从事贸易活动的蒙古商队450人，没收了他们的所有财物，又杀害或污辱了成吉思汗派去斥问的使臣。此事惹怨了成吉思汗。他决定兴师问罪。

蒙军兵分四路，攻打花剌子模各军事重镇。参与征战的，有成吉思汗的四子术赤、察合台、窝阔台、拖雷及其他大将。太祖十四年秋进围边城讹答剌（前苏联哈萨克锡尔河右岸阿雷斯河口附近）。成吉思汗安排察合台、窝阔台攻打该城，又给术赤等部署了任务，自己则和拖雷统率主力向不花剌（今乌兹别克布哈拉）进军，次年将其攻下并夷为平地，再克河中首府撒麻耳干（今乌兹别克撒马尔罕）。接着，命令已攻下讹答剌等地的察合台、窝阔台与术赤合攻花剌子模都城玉龙杰赤（今土库曼共和国库尼亚乌尔根奇）。国王摩诃末逃往你沙不儿（今伊朗霍腊散省内沙布尔）。蒙古军穷追不舍，把他逼到宽田吉思海（今思海）的一个小岛上，不久病死。他的儿子札兰丁奉遗嘱继位，但都城诸守将不服他，将他逼走。太祖十六年（1221年），蒙古军连克诸城，札兰丁虽聚军奋力抗击，但终无法挽回败局。十一月，成吉思汗在申河（今印度河）大败札兰丁，几乎使他全军覆没。他逃入印度，再无力还手。翌年，成吉思汗任命花刺子模人牙老瓦赤及其子麻速忽治理西域诸城，并置达鲁花赤加以监控。成吉思汗平定西域后率众凯旋，于太祖二十年（1225年）东归蒙古草原。

成吉思汗陵中的成吉思汗征战马鞍

孟珙抵抗蒙古军

宋端平二年（1235年）夏秋以来，宋京襄地区的襄阳、随、枣、郢州相继遭蒙古阔端、曲出军的进攻，江陵也被围。三年（1236年），襄阳失陷，江陵北面的均、房、随、德安、郢、荆门、信阳、光化等京四九郡尽为蒙军占领。十一月，蒙将特穆尔岱攻江陵（今湖北荆州），宋沿江制置副使史嵩之派孟珙援救。

内蒙古上京南塔

　　孟珙，徐州（今山西新降）人，宋忠顺军首领孟宗政之子，在灭金和抗蒙战争中屡建战功。

　　孟珙见特穆尔岱率蒙军编筏欲渡江，就指挥士兵变易服色，循环往来，夜以火炬照江，数十里相接，以迷惑敌人。然后，亲自领兵出击，连破蒙古二十四寨，夺回被俘的二万人。蒙军败退。

　　嘉熙二年（1238年），蒙军集中力量进攻江淮，放松了对京襄地区的攻势。宋廷颁诏乘机收复京襄失地，孟珙被任命为京湖制置使。他认为要复襄阳，须先复郢州、荆门，于是宋廷檄令江陵制司发兵反攻，克复郢州、荆门、信阳。1239年4月，孟珙在收复襄阳后，请置重兵于此，练兵积粟，使襄樊守备力量得以加强。

　　嘉熙三年（1239年）底，孟珙驻节松滋，协助湖北安抚副使知峡州孟璟在归州大垭寨击溃蒙军，蒙军知宋有备，撤兵而退，孟珙乘胜，收复夔州（今四川奉节），阻止了达海出三峡入两湖。1240年初，孟珙派兵攻袭蒙古军在河南的后方基地。二月，孟珙任四川安抚使兼知夔州。后又迁京湖安抚制置人使兼夔路制置大使，置司夔州。其间，他提出长江上流防御宜为藩篱三层之策，主张把长江上流和涪州（今四川涪陵）以南至荆湖的防务连接在一起，防止蒙军向长江南岸渗透。淳祐二午（1242年），孟珙分兵阻止了耶律末哥对京襄的进攻，又组织应援四川，挫败了耶律未哥对泸州的进攻。在孟珙主持京襄防区期间，长江中游的防务得到明显改善，饱受战火洗劫的京襄地区得到数年更生复苏的机会。

　　1246平9月，孟珙死，孟珙善抚士卒，忠君体国，有古代名将风度，被追封为吉国公，谥忠襄。

窝阔台死·脱列哥那称制

　　窝阔台汗十三年（1241年）十一月，窝阔台外出行猎，返至乌特古呼兰山，奥都剌合蛮进酒。饮后第二天，因极夜欢饮而死于行殿，时年五十六岁。

葬于起辇谷，庙号太宗。按照蒙古习俗，大汗死后，应由长妻主攻。直到新汗经由忽里勒台（大会）拥立即位。窝阔台长皇后孛剌合真哈敦无子，又继窝阔台之后不久死去，于是脱列哥那在察合台等宗王支持下以诸长子之母的身份宣布称制，摄理朝政。脱列歌那，乃马真氏，原为蔑儿乞部长带儿兀孙之妻。成吉思汗灭蔑儿乞，将她赐与

南宋的燃灯佛授记释迦文图，立意在宣扬佛法无边。

窝阔台为妻。她生五子：贵由、阔端、阔出、哈剌察儿、合失。窝阔台生前想立失烈门继承汗位，脱列哥那称制之后，改变窝阔台遗愿，想立长子贵由为汗。但是术赤长子拔部等宗王强烈反对，加上贵由身在征西途中，选举大汗的忽里勒台也迟迟不能开会，因此脱列哥那摄政近四年之久。在摄政其间，脱列哥那继续任用西域商人奥都剌合蛮，让他主管汉地政事，扑买课税，甚至以盖有御宝的空白文书交付奥都剌合蛮，由他自行填写发布还传旨，凡是奥都剌合蛮的建议，史官必须记载，否则断手；她宠信从波斯掳掠来的女巫师法梯玛，任其所为；她又排斥太宗旧臣耶律楚材，罢免右丞相镇海，并遣使捕杀主管汉民公事的中州断事官牙老瓦赤及其子，主管畏吾儿以西至河中地区公事的麻速忽。牙老瓦赤逃避到阔端处，麻速忽逃避到拔都处。由于汗位久虚，成吉思汗的幼弟斡赤斤曾领兵西向，欲乘机夺权。1246年7月，拖了四年多的忽里勒台大会在月儿灭怯土的金斡儿朵举行。在长支孛五披都以生病为借口拒绝与会的情况下，脱列哥那操纵忽里勒台大会，最后选出贵由为大汗，贵由当时四十一岁，脱列哥那本人在这一年冬天病死。

忽必烈效行汉法筹建元朝

忽必烈狩猎图

元中统元年（1260年）四月，忽必烈采纳策士刘秉忠等人建议，在开平颁布《即位诏》，称皇帝，是为元世祖；五月，他又仿照中原封建王朝以年号纪岁之法，建元"中统"，创蒙古政权建元纪岁之始。

不久以后，忽必烈的幼弟阿里不哥也在漠北称汗，发兵南犯。忽必烈在此后三年内，凭着汉地丰富的人力物力，击败了阿里不哥，又镇压了山东的叛乱，使自己的统治稳固下来。

忽必烈即位之后，大力效行汉法、筹建元朝。他采取了一系列措施，主要包括：①削藩夺权。选派嫡亲宗王出镇边防要地，代表皇帝镇戍征伐而不总镇区政务、赋税逐步建立起皇帝至上的宗室，"金字塔"秩序。②加强对汉地的控制。在任用汉人官员推行汉法的同时，也在各级政权中任用色目人，使之互相牵制，并以蒙古人为诸司之长，以维护其统治特权。③设置中央、地方军政机构，逐步建立完善的国家。加强中央对各种军队的控制，建立侍卫亲军、环卫京畿和威慑地方势力。④垦荒屯田、兴修水利，确定赋税数额，促进社会生产的恢复和发展。⑤对宋采取步步进逼的战略，着手准备统一全国的战争。

经过10年的努力，建立元朝的各项准备工作基本完成，忽必烈正式将国号改为"大元"。

忽必烈建元·定都大都

至元八年（1271年）十一月，忽必烈采纳刘秉忠、王鹗等儒臣的建议，根据《易经》"乾元"的意思，正式建国号为大元，并颁布《建国号诏》。蒙古自从成吉思汗建国以来，一直用族名充当国名，称大蒙古国，没有正式建立国号。忽必烈登上蒙古汗位后，建年号为"中统"，仍然没有立国号。随着征宋战争的顺利进行，蒙古政权实际上已成为效法中原地区汉族统治方式的封建政权，尤其是忽必烈统治日益巩周，于是他决定在

元世祖忽必烈像

"附会汉法"方面再迈进一步，把自已的王朝建成传承汉族封建王朝正统的朝代。忽必烈建国号大元，明确表示他所统治的国家已经不只属于蒙古一个民族，而是中国历代封建王朝的继续。

至元九年（1272年）二月，忽必烈采纳刘秉忠迁都的建议，改中都为大都，正式定为元朝首都蒙古国时期，统治中心在和林（今蒙古境内），忽必烈即位后，元朝的统治中心已经南移，远在漠北的和林不再适合作都城，忽必烈开始寻找新的建都地点。他升开平为上都，取代和林，接着又迁往更理想的燕京（今北京），定名为中都。中都改为大都后，忽必烈于至元十一年（1274年）正月在大都正殿接受文武百官的朝贺，大都从此成为元朝的政治中心。

文天祥就义

北京文天祥祠。文天祥被俘后在此关押，直至就义。

至元十九年（1282年）十二月九日，文天祥被囚3年后，在大都英勇就义。

文天祥（1236年—1282年），南宋大臣、文学家。字履善，号文山，吉州庐陵（今江西吉安）人。至元十二年（1275年）元军进逼临安时，文天祥在赣州组织武装自卫。1276年任宰相赴元营谈判，被扣，后于镇江逃脱。临安失守，文天祥便与陆秀夫等拥立赵昰赵昺，辗转于东南沿海各省继续抗元。1278年文天祥被俘，忽必烈劝降未果，文天祥忠烈英名，认为只能以死谢国，囚禁3年期间写下了许多诗文，大部分收入《指南录》中，其中《过零丁洋》（归入《指南后录》）《正气歌》等诗脍炙人口，广为传诵，是为名篇。《过零丁洋》一诗用以明志，心志不变，以身殉国而在所不惜，正所谓"粉身碎骨浑不怕，要留清白在人间"。至元十九年（1282年），文天祥以死实践了他的"人生自古谁无死，留取丹心照汗青"的信誓。作为南宋一代名臣，此后为历朝忠烈之臣所效仿，留芳百世。后人将其著作辑为《文山先生全集》。

元世祖忽必烈去世

至元三十一年（1294 年）四月，元世祖忽必烈去世，终年 80 岁。

忽必烈（1215 年—1294 年），元朝的创造者。拖雷之子，兄为宪宗蒙哥，弟有旭烈兀、阿里不哥。忽必烈为藩王时，就"思大有为于天下，廷藩府旧臣及四方文学之士问从治道"。蒙哥即汗位后，忽必烈总领漠南汉地军国庶事。元宪宗三年（1253 年），受京兆封地；同年，受命远征灭大理国。元宪宗八年（1258 年）朝廷兴师伐宋，忽必烈代总东路军，次年（1259 年）九月，蒙哥病死于合州（今四川合川）。忽必烈得悉留守漠北的幼弟阿里不哥图谋自立为大汗，采纳儒士郝经建议，轻骑返燕京。次年（1260 年）三月，即汗位于开平，建元中统，确立了"祖述变通"的建国方针。同年五月，阿里不哥也在和林称大汗。是年冬，忽必烈亲征和林，至元元年（1264年）始平。此间，忽必烈于中统三年（1262 年）镇压

元世祖忽必烈狩猎图

了山东李璮的叛乱。至元八年（1271 年），他取《易经》"大哉乾元"之义，建国号为大元。次年定都大都。至元十六年（1279 年）消灭南宋，统一全国。此后，他接连派兵远征日本、安南、占城、缅甸和爪哇，均遭失败。同时，平定诸王海都和乃颜的叛乱，巩固了西北和东北边疆的统治。忽必烈在位 35 年期间，注意农桑，兴修水利，并建立了元代的行政、军事、赋税等制度，尤以行省制度影响深远。忽必烈对巩固和发展统一的多民族国家，促进民族文化与中外文化的交流作出了积极的贡献。

徐达远征沙漠

洪武三年（1370年）正月三日，朱元璋命徐达为征虏大将军，李文忠为左副将军，冯宗异为右副将军，往征沙漠，以消除扩廓帖木儿为首的西北边患。

朱元璋给徐达的军令

朱元璋的部署是兵分二道。一令大将军徐达，自潼关出西安，西取扩廓帖木儿；一令左副将军李文忠出居庸，入沙漠，追元顺帝，使其彼此自救，无暇应援。诸将即奉命而行。四月八日，徐达一路出巩昌安定县，次沈儿峪。与扩廓帖木儿隔渠沟列阵对垒。九日，诸将悉力与战，大败扩廓贴木儿，擒元郯王、文济王及国公阎思孝等官1865人，吏卒84500余人，马15280匹，橐驼牛羊杂畜不计其数。扩廓帖木儿从皇城与妻子数人逃奔和林，郭英追击至宁夏，不及而还。五月十五日，李文忠一路趋应昌，得知元顺帝死，兼程前进，十五日围应昌城，十六日破城而入。元嗣君与数十骑北奔，文忠追至庆州而还，回军途中，又收降元将江文清、杨思祖及所属5万余将士。遂班师还京。

徐达、李文忠远征，迫使元朝残余势力从应昌、定西一线北撤，明朝北方边境随之也稳定下来。

朱元璋制定科举

洪武三年（1370 年）五月，因国家急需人才，朱元璋颁发科举诏令，于八月设科取士。

明代科举考试分文武二科。二科考试时间都有明确规定：子、午、卯、酉年为乡试；辰、戌、丑、未年为会试；乡试在八月，会试在二月，皆九日为第 1 场，复 3 日为第 2 场，又 3 日为第 3 场。乡试中试者称举人，京师会试中中试者有资格参加殿试。三年一大考，殿试有皇帝亲自把关，殿试及格而被录取的通称进士。进士分一、二、三甲，一甲 3 人，第一名称状元，第二名称榜眼，第三名称探花，赐进士及第；二甲若干名，赐进士出身；三甲若干人，赐同进士出身。凡考中进士，即可授官。

文科考试内容主要局限于四书五经。初场试经义二道，四书义一道。《易》主程《传》、朱子《本义》,《书》主蔡氏《传》,《诗》主朱子《集传》,《春秋》主春秋三传。二场试论一道，判五道，诏、诰、表、内科一道。三场试经史时务策五道。三场考试答题通用推行的八股文（每篇文章必须包括破题、承题、起讲、入手、起股、中股、后股、束股八部分），虚内容而重形式，因而明代科举制又称八股文取士。

武科试士的内容与文科有所不同。武举初试马上箭，二场试步下箭，三场试策一道。6 年一大武举考试，考中者称武状元等。武科以技勇为重，所考内

吴县生员顾宪成应天府试卷

容也因时局的变化和要求略有变化。

明代科举取士录取名额根据社会需要而定。明初所需文官数额大，录取时也较多。明中期，逐渐放宽乡试名额而缩小会试名额，同时会试录取进士名额时，注意地域间的南、北分布平衡。洪熙元年（1425年），定取士名额，南人16名，北人14名，武科不定。

明代科举制，在明初期扩大官僚机构、稳定统治政权中起到了积极作用。但作为一种文化专制制度，它把知识分子的思想束缚在孔孟之道和程朱理学之中。读书人为猎取功名，埋头四书五经，写空洞的八股文，成为名副其实的书呆子。这就禁锢了人们的思想，严重阻碍了文化科学的发展。

朱元璋大封功臣

洪武三年（1370年）十一月十一日，为了表彰文臣武将开国之功，朱元璋在奉天殿举行隆重仪式，大封功臣。

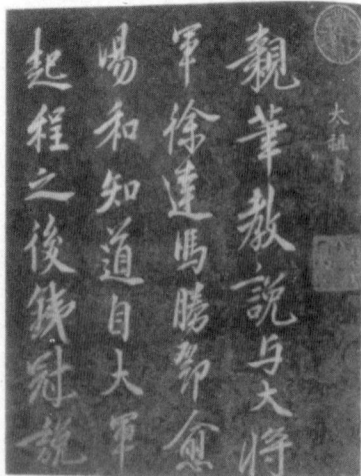

朱元璋书《教说大将军》

大都督府、兵部记录诸将功绩，吏部定勋爵，户部备赏物，礼部定礼仪，翰林院撰制诰，皇太子、诸王侍两旁，文武百官列于丹陛左右。诏封左丞相李善长为朝国公，右丞相徐达为魏国公，常遇春之子常茂为郑国公，李文忠为曹国公，邓愈为卫国公，冯胜为宋国公。六公以下又封二十八侯：汤和首位为中山侯，唐胜宗为延安侯，陆仲亨为吉安侯，周德兴为江夏侯，华云龙为淮安侯，顾时为济宁侯，耿炳文为长兴侯，陈德为临江侯，郭子兴为巩昌侯，王志为六安侯，郑遇春为荥阳侯，费聚为平凉侯，吴良为江阴侯，吴祯为靖海侯，赵庸为南雄侯，廖永忠为德庆侯，俞通源为南安侯，华高为广德侯，杨璟为营阳侯，康铎为蕲春侯，朱亮祖为永嘉侯，傅友德为颍川侯，胡美为豫章侯，韩政为东平侯，黄彬为宜春侯，曹良臣为宣宁侯，梅思祖为汝南侯，陆聚为河南侯。并赐诰命、铁券、赏物等。同月三十日，朱元璋又封汪广洋为忠勤伯，刘基为诚意伯。同时告诫诸位公侯：身享富贵，应通达古今之务以成远大之器，不可苟且自足。

洪武十一年，朱元璋进封汤和为信国公。十二年，又封仇成为安庆侯，金朝必为宣德侯，蓝玉为永昌侯，谢成为永平侯，张龙为凤翔侯，吴复为安陆侯，曹兴为怀远侯，叶升为靖宁侯，曹震为景川侯，张温为会宁侯，周武为雄武侯，王弼为定远侯。后又以各武臣的战功，或封侯、伯，或进封公，借以激励武将，建功立业。

开国功臣常遇春病死

洪武二年（1369年），明朝开国名臣常遇春与李文忠奉命北征，攻克开平，大胜而归。回师途中，于柳河川暴病而死，年仅40岁。

常遇春（1330年—1369年），宁伯仁，怀远人。勇力超群，猿臂善射。元至正十五年（1355年）投奔朱元璋。采石一战，常遇春作为先锋官屡出奇谋，挫败元兵，进取太平。不久，守溧阳、攻建康、取镇江、围常州，以功进统军大元帅。曾从徐达与陈友谅战于鄱阳湖，解救朱元璋于危难之地。后以副将军随徐达平陈友谅，擒张士诚，进封鄂国公。吴元年（1367

常遇春像

年），又以副将军从徐达北征。下山东、取汴梁、攻河南，破元兵于通州，攻克大都。另下保定、河间、真定。平定秦晋，皆立大功。洪武二年病死时，太祖朱元璋十分悲痛地说："使我如失手足。"诏令李文忠率其军。

遇春沉毅果敢、善抚士卒，冲锋陷阵，常胜不败。平常不习史书，但用兵如神。多年跟随徐达征战，听从约束，配合神契，时人合称徐、常。遇春自言能将十万兵马，横行天下，军中又称其为"常十万"。

洪武二年十月八日葬钟山，赠中书右丞相，追封开国公，配享太庙，肖像功臣庙，位列第二。

徐达北征失败

明洪武五年（1372年），徐达北征失败。

明朝初年，（北）元兵士相继归附，只有扩廓帖木儿出没边境，实为后患。

洪武五年（1372年）正月二十二日，朱元璋在武楼与诸将商讨过关之事，筹划良策，徐达表示愿率兵征剿。于是朱元璋任命徐达为征虏大将军，作为中路；李文忠为左副将军，作为东路；冯胜为征西将军取甘肃，作为西路。

正月二十六日，三路兵马出发，分别进剿。二月十七日，徐达派都督蓝玉先出雁门，在野马川大败蒙古军；五月初六，徐达到达岭北，扩廓帖木儿、贺宗哲合兵来战，徐达大败，明军数万人战死，只得收兵坚守营寨。

冯胜的西路军于六月初三到达兰州，右副将军傅友德在平凉击败元将失剌罕，进军永昌后，又大败太尉朵儿只巴。六月，冯胜等进入亦集乃，守将卜颜帖木投降，于是他们攻占了瓜沙州，获得金银马牛无数，至此平定甘肃。而李文忠的东路军出居庸关后，于六月二十九日抵达应昌，元兵四处逃散。随后东路军又在土银河大败元军。但班师时，因迷失道路，粮饷断绝，致使许多军士渴死饿死，伤亡惨重。

此次北征，虽西路军获胜，但中、东两路军损失惨重。因此，朱元璋感到要永清沙漠并不是件容易的事。从此他改变了战略，以防御为主，先后派遣大将练兵备边，修葺城池，严加守备。

开国功臣徐达去世

明洪武十八年（1385 年）二月，明朝大将、开国功臣徐达去世。

徐达（1332 年—1385 年），字天德，濠州（今安徽凤阳）人。他少有大志，刚毅武勇，元至正十三年（1353 年）加入朱元璋的部队。在消灭江南群雄时立下赫赫战功。1367 年十月，朱元璋任命徐达为征虏大将军，率 25 万大军北伐中原。朱元璋即位后，徐达任右丞相兼太子太傅。随后，徐达统兵攻克元大都、太原、大同、悉平，平定陕西，大胜北元之扩廓贴木儿军。洪武五年（1372 年），徐达又领兵北征沙漠，十四年再次帅

胜棋楼。位于南京莫愁湖公园内。相传朱元璋建都后曾与徐达在此下棋，徐达赢了，朱元璋便将莫愁湖送给了徐达，胜棋楼因此得名。

汤和等征讨乃儿不花，建立了不朽的功勋。徐达智勇双全，治军严明，一生谦虚谨慎，能与下属共甘苦，士兵感恩戴德，故所向无敌。他功勋卓著，不愧为开国第一功臣。朱元璋称赞他："受命而出，成功而旋，不矜不伐，妇女无所爱，财宝无所取，中正无疵，昭明乎日月，大将军一人而已。"

朱棣即帝位·创内阁制

明建文四年（1402 年）六月十七日，燕王朱棣即皇帝位，是为明成祖文皇帝。1402 年六月，燕军进入京城，第二天，被建文帝朱允炆削废的诸王便率文武群臣向朱棣上表劝进，朱棣不允，诸王与群臣便一连劝进数日。六月十七日，在编修杨荣的提示下，朱棣首先拜谒了明太祖朱元璋的陵寝，尔后，诸王和文武百官备好法驾，奉上宝玺，迎立于道，高呼万岁。到这时，朱棣才升辇入宫，在奉天殿接受了以兵部尚书茹瑺为首的群臣朝贺，正式即皇帝位，改元永乐。

明成祖朱棣

七月一日，朱棣在南郊大祀天地后，回到奉天殿，诏令当年六月以后，仍以洪武三十五年为纪，次年（1403 年）为永乐元年。建文中所改易的祖宗成法都要革除，一切恢复旧制。七月三日，又诏令将建文时更定的官制改回洪武旧制。九月四日及第二年（1403 年）五月，朱棣两次大封靖难功臣。建文四年（1402 年）十一月十三日，朱棣册立妃徐氏为皇后。明成祖在恢复诸王爵禄后暗中开始"削藩"，将边塞诸王迁回内地，减少诸王的护卫，同时收回诸王对将帅、卫所军的节制指挥权；重申不许诸王擅役军民吏士的禁令，不许过问地方事务；对犯有过失的诸王，先以书诫谕，继而示以惩罚，最后或废为庶人或加以惩治。这一策略较建文帝更隐蔽，步骤实施也更从容，收到了削藩效果又不致酿成祸乱。

永乐元年（1403 年）年将北平改为北京，设北京行部诸衙门，将大宁都司徒全保定。

朱棣登基后，还决定起用一批资浅而干练的文臣参预机务。建文四年（1402年）八月一日，朱棣选命侍读解缙、编修黄淮入直文渊阁，同预朝廷机密重务。九月，又命侍读胡广、修撰杨荣、编修杨士奇、检讨金幼孜和胡俨同直文渊阁参预机务，与解、黄二人一起朝夕侍从左右，做皇帝顾问，称之为内阁。他们分掌文案，综理制诰，内阁制度随之创立，不过，这时的阁臣品秩远在六部尚书之下。秩为五品，而且不设官属，不辖诸司事务，经洪熙、宣德两朝，内阁制度才趋完备。

朱棣北征·大破鞑靼

永乐七年（1409年）六月十日，百户李咬住及伯兰奏报：给事中郭骥奉命出使，被本雅失里诛杀。本雅失里、阿鲁台准备再侵扰边境。朱棣大怒，遂命将士严守边境。二十六日诏谕甘肃总兵官何福，令其整饬兵马以待，且告知将遣将征剿本雅失里。七月三日，朱棣命洪国公丘福为征虏大将军总兵官，率精骑10万，北讨本雅失里。丘福因轻敌冒进，惨败于胪朐河，全军覆没。朱棣得报震怒，以诸将无一能任，决计亲征。十月一日，朱棣召集诸将商议北征之策。永乐八年（1401

擒胡山刻石

捷胜冈刻石

年）二月一日，朱棣命令皇长孙瞻基留守北京，户部尚书夏原吉辅导，兼掌行在部院之事。五日，诏告天下准备北征，十日北征之师从北京出发。由翰林学士胡广、侍讲杨荣、金幼孜随从护驾。总领 50 万众，浩浩荡荡，出德胜门，向北进发。三月二日，在兴和（今河北张北）集师，大阅誓师。五月一日，成祖历经万里萧条到达胪朐河。兴之所至，将此河赐名饮马河，又将河上地命名为平漠镇。三日，北征军遇虏骑而进击，得箭 1 枚、马 4 匹而还。十七日，成祖得知虏寇距此不远，于是命令大军渡饮马河。本雅失里逃遁。成祖亲追本雅失里于斡难河上。本雅失里大败，仅以 7 骑西走，后为瓦剌人所杀。朱棣所率明军追击不及而还。二十日，朱棣又下令分兵追杀阿鲁台。本雅失里西走时，阿鲁台东奔，因占地利之便，时战时退，明军无奈。朱棣派人前去召降，阿鲁台犹豫不决，双方相持不决。成祖经阔滦海子（今内蒙呼伦湖）时，在静虏镇击阿鲁台，向北又追击百余里，直到回曲津，又在此大败阿鲁台。但因天气过于炎热，士兵又饥又渴，对北方水土、气候不易适应，战斗难以持久，朱棣遂下令在六月班师回朝。七月，朱棣率北征的明军经开平到达北京。十月，明军又从北京南还。十一月，明军回到京师。永乐八年（1411 年）十二月，鞑靼太师阿鲁台派遣使节向明朝进贡名马。随后，明成祖朱棣又分别于十一年（1413 年）十二月、十二年二月、二十年三月、二十一年（1423 年）七月，以及二十二年正月，亲自率军 5 次北征，或击瓦剌，或击鞑靼；或大胜，或小胜，或出师无功，直到最后死于班师途中。

明成祖第三次北征

永乐二十年（1422 年）三月二十日，明成祖第三次北征。

永乐二十年（1422 年）三月十八日，蒙古一部在首领阿鲁台带领下袭掠兴和（今河北张北），并杀死守将都指挥王焕。成祖闻讯大怒，决定亲征阿鲁台。二十一日，成祖率大军由北京出发，二十一四日到达鸡鸣山。此时传报袭击兴和的敌军已逃，明成祖担心中敌奸计，不许将官追击。明军经云州、独石、度偏岭、开平直抵阿鲁台的老巢龙门。敌军不敢应战，四处溃逃，在洗马岭丢下2000多马匹，被明军全数获得。四月二十九日，成祖在

神马门及钟鼓楼

云州举行大阅兵。五月十二日，成祖亲自谱写《平虏》三曲让将士歌唱，以鼓士气。二十一日，成祖命令前锋左都督朱荣率领哨骑5000人前行，遇敌则快速回报。七月四日。部队行进到杀胡原，朱军率众擒获阿鲁台部属。阿鲁台本人逃走，并将马匹辎重全部丢在库楞海（今内蒙呼伦湖）。明成祖命令明军将阿鲁台所弃的辎重全部烧毁，以免因搬运不便而重新为阿鲁台所用。七月，明成祖班师回朝，远征阿鲁台大获全胜。

明成祖第四次北征

永乐二十一年（1423年）七月，阿鲁台再次进犯边境，为消灭阿鲁台，明成祖第四次亲征塞外。

七月二十四日，明成祖率大军从京师出发，浩荡北进，二十六日抵达土木河，九月十五日，鞑靼故知院有人前来投降，并告知明成祖：今年夏天阿鲁台已经被卫剌特打败，溃不成军。如今听说明朝大军出塞征讨，阿鲁台早吓得魂不附

长陵的主殿——棱恩殿

体，不知去向，再也不敢向南侵犯明边境了。明成祖封赏来人后，决定班师。十一月回到京都。这次北征，未有任何战事，无功而返。

明成祖死于第五次北征

明永乐二十二年（1424年）正月七日，阿鲁台再次进犯大同、开平（今内蒙多伦多一带）一带。明成祖于四月四日出师蒙古，开始第五次北征。当大军进至隰宁时，阿鲁台早已逃走，其部属也四散离去。成祖不想再无功而返，于是命令大家追击、搜寻。其时适逢大雨，天气恶劣，士卒中有许多人病死。六月成祖下令明军各部兵分几路穷搜山谷，仍未发现阿鲁台踪迹。此时，因远征耗时日久，粮草不足，

明成祖朱棣的陵墓——长陵

成祖决定退兵。七月十八日，成祖回师至榆木川（今内蒙乌珠穆沁东南）时，因病去世。八月十日，灵柩运至京城，九月十日，成祖被奠谥为体天弘道高明广运圣武神功纯仁至孝文皇帝，庙号大宗，葬于长陵。嘉靖十七年（1538年），改谥号为启天弘道高明肇运圣武神功纯仁至孝文皇帝，庙号成祖。

明成祖在位22年，曾5次亲征漠北，沉重打击了蒙古内部的割据势力；先后6次派遣郑和下西洋，增强了我国与亚、非各国在政治、贸易、文化上的往来。他倡导编撰的《永乐大典》对保存我国古代文化典籍具有重要历史意义。

成祖逝世后，皇太子朱高炽即位，是为仁宗，第二年改年号为洪熙。阿鲁台听说成祖已死、仁宗即位后，即派使者前来贡马。仁宗下诏免去阿鲁台所犯之罪。从此，阿鲁台仍然每年遣使朝贡。

王守仁去世

嘉靖七年（1528年）十一月，明代理学家王守仁去世，享年57岁。

王守仁（1472年—1528年），名云，字伯安，浙江余姚人。因曾经在阳明洞讲学，学者称他为阳明先生。弘治十二年（1499年），他考中进士，历任刑部和兵部主事、龙场驿丞、南京太仆少卿、巡抚南赣右佥都御史等职，先后镇压了福建、江西等地农民起义。正德十四年因平定宁王朱宸濠的叛乱有功，被封为新建伯，为明代文臣用兵制胜之首。1527年，他又以左都御史的身份总督两广军务，镇压广西瑶民起义。后因疾病缠身，请求辞官，并举荐郧阳巡抚林富自接位。他没有等朝廷的命令下来便启程返乡，在途中去世，谥号文成。

王守仁天资聪颖，18岁即拜访程朱派学者娄谅，讨论朱熹的格物和圣人可学而至的思想。后端坐家中，潜心学问。

王守仁《五言诗》（书于1527年）

他是我国唯心主义集大成者，创立了主观唯心哲学论哲学体系，继承发展了陆九渊"心即理也"的学说，提倡人人致良知和知行合一，形成理学中的"王学"，弟子遍及天下。他的思想的发展和传播，对明中叶后的思想界有深刻影响。著有《王文成公全书》共38卷和《传习录》传世。王守仁曾自诩平生做了两件事：一是破山中贼，即镇压农民起义；二是破心中贼，即心学的广泛传播。这也许是对他最好的总结。

努尔哈赤崛起

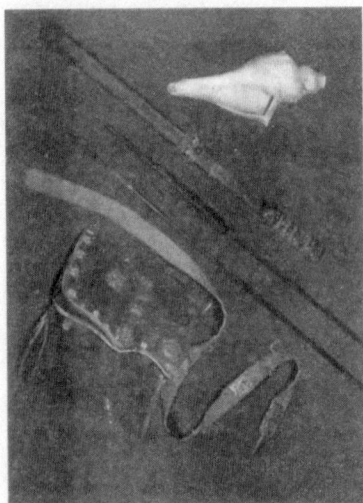

满族先民使用过的狩猎器具

满族家庭祭奉的祖宗形象

万历十一年（1583年），年仅25岁的努尔哈赤，凭其先祖所遗13副盔甲，起兵征讨尼堪外兰，开始了他统一女真各部的征程。

努尔哈赤（1559年—1626年），姓爱新觉罗，其先祖猛哥帖木耳自明永乐十年（1412年）受明册封为建州左卫指挥，世代是受明封爵的地方官。原先女真各部一直不和，图伦部的尼堪外兰，勾结明军，谋害了努尔哈赤的祖父觉昌安和父亲塔克世。努尔哈赤集合残部数百人，征讨尼堪外兰，一举攻克图伦城，获兵百人，盔甲30副。尼堪外兰逃奔鄂勒珲城，明廷遂任努尔哈赤为指挥使。

努尔哈赤继续东征西讨。次年（1584年）九月，攻取董鄂部的翁鄂洛城；万历十三年（1585年），攻取浑河部的界凡等城；十四年（1586年）攻并苏克苏护河部的瓜之佳城、浑河部的贝珲城、哲陈部的托摩和城，继又进攻尼堪外兰于鄂勒珲城，尼堪外兰逃往抚顺请求明军保护，明军抓住他送给努尔哈赤。努尔哈赤遂与明讲和，通贡受封。

万历十六年（1588年），努尔哈赤灭完颜部，至此他正式统一了建州五部，力量迅速壮大。女真人自古以来熟习弓马，骁勇善战，当时就有"女真不满万，满万不可敌"的谚语，努尔哈赤又是自成吉思汗以来难得一见的军事天才，由此开始，他率领的铁骑奔驰于北陲大漠，南疆高原，扩土万里，为清代建立中国历史上疆域最大的大帝国奠定了基础。

努尔哈赤收服各部

自努尔哈赤的满洲部兴起之后，在辽东海滨的女真共有四部：即满洲部、长白山部、东海部、扈伦部。扈伦部又分为四：叶赫、哈达、辉发、乌拉，

努尔哈赤的八旗军用过的铁剑、铁刀、铁盔。

"东林先生"顾宪成明成历四年应天府分试试卷

其中叶赫部最强。

叶赫部主见努尔哈赤崛兴满洲，早已欲加剪除，明廷要利用叶赫部牵制努尔哈赤，也随时加以羁縻，倚之为屏蔽，称作海西卫。万历二十一年（1593年），叶赫部纠合哈达、辉发、乌拉各部，又联合长白山下的珠舍哩、纳殷二部，并联络蒙古的科尔沁、伯卦、勒察三部，共3万余人，号称九国，攻打满洲部，但被努尔哈赤杀得大败亏输。

努尔哈赤乘胜收服蒙满各部。万历二十二年（1594年），蒙古科尔沁部、喀尔喀等五部通好于努尔哈赤。次年，努尔哈赤又大败辉发部，略地而归。万历二十四年（1596年），明廷遣使于努尔哈赤。次年，努尔哈赤遣子褚英等夺取安褚拉库路。各部皆陆续降顺努尔哈赤，而叶赫等扈伦四部，始终未服，并遣使与明朝修好，对抗努尔哈赤。

万历二十七年（1599年），努尔哈赤消灭了扈伦四部之一的哈达部，东海渥集部亦来归降。同年，努尔哈赤开始整顿军队组织，规定每出师、狩猎、组织队伍，部族成员每人出箭一支，以十人为一单位，称牛录（即汉语"大箭"），牛录头领叫"牛录额真"。努尔哈赤又命取蒙古文字母创制满文，并开发金银矿。从此，满洲部更不可敌。

袁崇焕固守宁远·努尔哈赤负伤败走

孙承宗被劾罢官后，代替他经略辽东的高第畏敌如虎，竟然尽撤关外诸城守县，驱屯兵入关，委弃米粟 10 余万。他还欲撤宁远、前屯二城守军，但袁崇焕誓死不去，坚守宁远。努尔哈赤见明经略易人，发兵进攻。

天启六年（1626 年）正月，努尔哈赤率兵 13 万征明，连下锦州、松山、大小凌河、杏山、连山和塔山 7 城，进而围攻宁远，致书袁崇焕要他投降。当时袁崇焕官宁前参政，在大兵压境，外无援兵的紧急关头，袁崇焕毫不畏惧，他和总兵满桂、副将左辅，米梅、参将祖大寿及守备何可纲等集将士刺血誓师，固守宁远。他们把城外民众迁入城内，所遗住房全部烧毁，坚壁清野以待后金军。努尔哈赤见袁崇焕不降，便指挥军队猛攻宁远，但明军枪炮药罐雷石齐下死战不退，袁崇焕还令福建士兵施放红夷大炮，击毙不少后金兵。后金军连续攻城两日，都不能得手，加之努尔哈赤也被炮火击伤，最后只得解围而去。袁崇焕因保城有功，炮伤努尔哈赤，擢右佥都御史驻宁远。

明天启六年（1626 年）正月，努尔哈赤率 13 万人围攻宁远城，被炮击中。图为辽宁兴城，即明代宁远卫城。

宁远之战是明金交战以来明军所获得的第一次大胜仗。它遏止了后金对关内的进攻，挫伤了他们的锐气，稳固了明朝宁锦防线。从此，明朝和后金在宁远、锦州一带形成了长期对峙的局面。

茅元仪辑《武备志》

明朝末年，茅元仪编成《武备志》一书。茅元仪（1594年—1640年），字止生，号石民，归安（今浙江吴兴）人。自幼"喜读兵农之道"，成年熟悉用兵方略、九边厄塞，曾任经略辽东的兵部侍郎杨镐幕僚，后为兵部尚书孙承宗所重用。崇祯二年（1629年）因战功升任副总兵。他日睹武备废弛状况，为振兴明末日益衰弛的武备，汇集前代兵法韬略以至术数之书2000余种，倾注心血，历时15年编辑成《武备志》。

《武备志》是明代大型军事类书，共240卷，约200余万字，图738幅。全书由《兵诀评》《战略考》《阵练制》《军资乘》《占度载》5部分组成。每部分之前有序言，考镜源流，概括内容，进行评述，阐释观点。《兵诀评》18卷，收录了《武经七书》，并选录了《虎钤经》等书的部分内容，加以评点；《战略考》33卷，选录了从春秋到元代有参考价值的战例，并均有所评点；《阵练制》41卷，分"阵"和"练"两部分。介绍历代各种阵法，配以319幅阵图，"练"，"阵"详细记述选士练卒之法；《军资乘》55卷，分营、战、攻、守、水、火等，下设65项细目，内容十分广泛，涉及到行军、布阵、旌旗号令、攻守城池、配制火药、屯田开矿等事项，颇为详备；《占度载》93卷，分占与度两部分。占，载日、月、星、雷、电、五行、太乙、奇门等占验，反映当时人们对天文气象的某些认识。度，载兵要地志，分方舆、镇戍、海防、江防等类，图文并举叙述了地理形势、关塞险要、卫所部署、将领兵额、兵源财赋等内容。

《武备志》一书，体系庞大，条理清晰，体例统一，是一部体例完善的大型综合性辑评体兵书。它对改变明末重文轻武、武备废弛的现状有积极的意义。该书是中国古代最大的一部军事类书，在军事史上占有重要地位，为后世所推重。

李自成称王·大破明军

崇祯十六年（1643年）正月，李自成被拥戴为"新顺王"，改襄阳为襄京，设制官职。

在崇祯十一年（1638年）的潼关大战中，李自成的农民起义军遭受重创，陷入低潮。经过一年多在商洛山中的卧薪尝胆，李自成重整旗鼓，于崇祯十三年冬进入河南。次年一月，李自成指挥大军攻克中原重镇洛阳，俘杀福王朱常洵。洛阳战役的胜利，标志着农民军在战略上从防御转为进攻。随后，从崇祯十四年（1641年）二月至十五年十一日，李自成指挥大军驰骋中原，围开封，战新蔡，克南阳，破襄城，下郏县，攻汝乡，农民军连战连捷，越战越强，与明军的力量对比发生了变化，明朝的腐朽统治从根本上遭致动摇。

崇祯十六年（1643年）正月，李自成攻陷承天（今湖北钟祥）后，臣僚劝告李自成即皇帝位，李自成被拥戴为"新顺王"，号"奉天倡义大元帅"，改襄阳为襄京，初步建立起农民革命政权。在中央由上相、左辅、右弼组成内阁，下辖吏、户、礼、刑、兵、工六政府。地方则设府、州、县三级行政长官，各地重镇设防御使、观察使、统制使、提督等官。军队建制也同时逐步健全，主力部队分编为前、后、左、右、中五营，其中以中营为核心，又称"标营"。各营由制将军率领，制将军为主帅，果毅将军、威武将军为次帅。

五月，李自成召开重要军政会议，确定先取关中，以陕西为基地，扩充力量，然后攻取山西、河北，进军北京的战略计划。九月，与明军大战于汝

州，歼敌四万。十月破潼关，击毙新任兵部尚书孙传庭，随即占领西安。不久，陕、甘、青广大地区都归农民军所有。

崇祯十七年（1644年）春节，李自成正式宣布建国。改西安为西京，国号"大顺"，建元"永昌"。李自成在西安进一步调整和完善了农民政权的中央机构，大力推行各项革命措施。中央机构以天佑殿为最高行政机关，六政府各任尚书一人，又建立弘文馆、文瑜院、直指使、谏议从政、统会、尚契司、验马司、知政使、书写房等政府机构。同时继续推行"均田免赋"、"割富济贫"等政策，安置流民，稳定物价，废除八股，颁布新历等等。又敕令各营，加紧练兵，积极备战。

经过采取一系列军政措施以后，农民革命政权根基渐稳，各营部队兵精粮足。于是起义军在李自成亲自率领下，浩浩荡荡开始东征，向明王朝都城北京攻去。

北京故宫武英殿。李自成率起义军攻克北京后，曾在这里处理日常政务。

郑成功收复台湾

　　台湾自古以来就是我国的领土。17 世纪欧洲殖民者在亚洲展开了侵略活动，1642 年荷兰侵略者赶走了西班牙殖民者后，独霸了台湾，从而开始对台湾人民进行疯狂掠夺和奴役。

郑成功塑像

　　郑成功北伐失败后，为了坚持长期抗清，在爱国思想支持下，决定收复台湾，并以之作为反清根据地。正当郑成功筹划这一重大军事行动时，曾担任荷兰通事的爱国志士何斌（一作何廷斌）从台湾来到厦门，向郑成功献出一幅台湾地图，敦请郑成功光复台湾。1661 年二月，郑成功在厦门召开军事会议，决定立即出兵收复台湾。

　　1661 年三月，郑成功的军事准备均已就绪，并把大军从厦门移驻金门。郑成功只令部将洪旭、黄廷等少数军马辅佐其子郑经驻守金、厦，亲率战舰 400 艘，官兵 25000 人，向台湾进军。四月三十日，大军抵达台湾海面，在何斌的导引下避开荷军的炮火，利用涨潮的有利时机，在荷军疏于防守的北航道淤浅地带由鹿耳门顺利登陆，受到台湾汉族及高山族人民的热烈欢迎。

荷兰殖民者的投降书

　　接着，郑成功指挥军队从海陆两方面向荷兰侵略者发动了猛烈攻击。在海战中，郑军以木船击沉荷兰的战舰，控制了台湾海面，切断了荷兰殖民者的海上交通联系。在陆战中，郑军在台湾人民的密切配合

郑成功收复台湾作战经过示意图

奇袭鹿耳门。郑成功率舰队渡海，收复台湾。

和积极支持下，以弓箭和大刀等简陋武器战胜了拥有先进枪炮的侵略者，并击毙了侵略军头子汤玛斯·贝德尔，进而包围了侵略军的据点赤嵌城。此时，荷军统帅知力不能胜，企图以每年向郑成功纳贡，献犒师银14万两为条件，赂求郑成功撤退。郑成功正告荷兰统帅说，台湾是中国土地，应予归还，毅然拒绝了荷军的无理要求。五月初，赤嵌城荷军头目猫难实叮向郑军投降。然后，郑成功一面部署军队围困台湾城，一面分兵收复其他地方。康熙元年（1662年）一月在围困台湾城近九个月之后，郑成功决定进行强攻。二十五日清晨，中国军队重炮猛轰乌特得支堡，当晚占据了该堡。面对中国军队的强大攻势，荷军统帅终于在投降书上签字。至此，被荷兰侵略者非法占据38年之久的台湾回归祖国。

郑成功收复台湾后，把赤嵌城改为承天府，又置天兴、万年等县，还实行军屯，继续鼓励闽、浙一带居民到台湾生产，使台湾经济、文化得到了迅速发展。

吴三桂杀永历帝

顺治十五年（1658年）清军分三路大举进攻困守云贵的永历小朝廷，李定国部不抵清军，退溃边境，永历帝朱由榔仓皇逃往缅甸。

顺治十八年（1661年）五月，李定国、白文选会师阿瓦，不久即派遣使臣到缅甸请求放回永历帝。缅甸人不肯答应，李定国率军攻打，缅人失利，退保阿瓦新城。七月，吴三桂率清兵也向缅甸进发，并派人告缅王说："速缚伪主来，不然我将血洗阿瓦！"缅甸慑于清兵压境，于是设计杀明从官，绑送永历以讨好清廷。

七月十八日，缅王派使臣邀请永历帝从臣渡河，饮咒水盟誓，以表"结义同心"。当时永历从臣沐天波识破了缅王的阴谋，劝群臣勿去。但永历帝重臣马吉翔却要群臣尊重缅人"敬鬼重誓"的习俗，并于次日胁迫42名大臣与太监同行。及至，三千缅兵突将他们围困一处，命令前去饮咒水。诸臣惶恐无计，只得从命，结果全被缅兵所杀，马吉翔也死于乱刃之下。

"咒水之祸"发生后，永历帝身旁只剩宫眷25人，只好听任缅王摆布。次年初（1661年），缅王将永历帝及眷属送回云南。四月，吴三桂命人用弓弦将朱由榔父子绞死于昆明城内篦子坡。至此，南明政权的最后一个小朝廷宣告灭亡。

施琅平台湾·台湾设一府三县

康熙二十二年（1683年）五月，康熙帝催促福建水师提督施琅进取澎湖。六月十一日，施琅在铜山动员随征诸将，十四日，施琅率2万余名水师，300余艘战船，绕道澎湖南，十五日，攻克猫屿、花屿，当晚船泊澎湖。十六日，两军对垒，从十七日到二十日，施琅将清军集结在澎湖罩屿。二十二日，清军与郑氏军队进行了一场激烈搏斗，鏖战一日之后，攻下澎湖列岛，刘国轩仅率大小31只船败回台湾。二十四日，刘国轩向郑克塽、冯锡范等讲述战败经过，何佑等人纷

清人绘《台湾风俗图》之采甘蔗

台南赤嵌楼

台南亿载金城，安平大炮台大门

施琅统一台湾纪功碑

纷同清军秘密联系，请施琅速速攻取台湾，情愿作内应。刘国轩经过思索，决定归清。闰六月，郑克塽决定同清政府商议归降之事。七月二十七日，康熙下达敕谕，希望郑克塽诚心投归，并强调说决不失信于天下。同一天，郑克塽派官员到施琅军前，缴延平王册印，招讨大将军印以及公侯伯将军督印，八月十八日，郑克塽率文武官员剃发，跪听宣读赦免安抚诏令。康熙二十三年（1684年）康熙命郑克塽来京，编入旗下。从郑成功兴帅抗清，至郑克塽奉南明永历为正朔，历三代，共计37年时间，从郑成功1661年收复台湾到1683年台湾同大陆重归一统，共历23年。

康熙二十二年（1683年）八月十三日，施琅进入台湾。康熙二十三年（1684年）四月十四日，康熙帝拒绝李光地等关于台湾迁人弃地的决议，决定采纳施琅奏议，批准工部侍郎苏拜会同福建总督、巡抚、提督遵谕议定的管理台湾疏奏，决定在台湾设立一府三县，即台湾府（府治设在今台南市）和台湾、凤山（今高雄）、诸罗（今嘉义）三县，并设立巡道一员，总兵一员，副将两员，兵8000名，分为水陆八营防卫，每营各设游击、守备等官。设澎湖副将一员，兵2000名，分为两营。不久，又允许浙江、福建、广东沿海百姓装载500石以下货物的船只，到海上贸易、捕鱼，并要登记姓名，写保证书，在船头烙上号印，发给印票。这样，清代从此将台湾置在清政府的管理和保护之下。

三征噶尔丹

在康熙二十九年（1690年）和康熙三十五年（1696年）康熙帝二次亲征噶尔丹后，噶尔丹已元气大伤，陷于绝境。但他们试图作垂死挣扎。为此，康熙三十六年（1697年）二月，康熙又一次强征噶尔丹，率军西渡黄河进至宁夏。康熙亲自部署军事，命马思哈、费扬古出贺兰山，萨布素往克鲁伦河，两路进兵。而此时，噶尔丹的倒行逆施和残酷搜括，早已激起

《北征督运图册》。此图描绘康熙帝平定噶尔丹叛乱时向克鲁伦河运送军粮的情景。

各族人民的愤慨。哈密的维吾尔族首领都扬达尔罕抓住前往哈密征集军粮的噶尔丹之子赛卜腾巴尔珠，解送京师。噶尔丹的部属也分崩离析，纷纷向清政府投诚，并积极担任向导，带领清军深入平叛。噶尔丹的侄子策妄阿拉布坦配合清政府的进攻，在阿尔泰山设伏，准备捉住噶尔丹献给朝廷立功。闰三月九日，康熙命孙思克和李林隆各率2000精兵分路搜剿噶尔丹。十三日，噶尔丹在绝望中服毒自杀。四月七日，康熙班师回朝，途中作《凯旋言怀》诗，诗中写道："六载小止息，三度勤征轮。边圻自此静，亭堠无烟尘。"这几句诗确是对康熙三次亲征噶尔丹的总结。

噶尔丹叛乱平定后，清政府即遣送喀尔喀各部重返自己原来的牧场安养生息，蒙古高原恢复了宁静。

曾国藩任两江总督

湘军是曾国藩在镇压太平天国过程中一手创办的，全部湘军都只受曾国藩一人调度和指挥。正因此，清政府对曾国藩本人总是不放心。咸丰十年（1860年），湘军第二大头目胡林翼当了湖北巡抚，而曾国藩还是以侍郎的空衔领兵。因为没有地方实权，各省长官在兵饷和后勤供应上常与湘军为难。

咸丰七年（1857年），曾国藩因父丧回籍时，向皇帝上奏大发牢骚，说他几年来用的是"侍郎"的关防，没有兵权、财权和"文武黜陟之权"，得不到地方官吏的支持；部下立功，虽经保举也得不到实缺，往往造成贻误大局的结果。他想借此要挟朝廷，索取实权。但是咸丰帝未答应他的要求。

咸丰十年（1860年）闰三月，太平军二破江南大营，再解天京之围。事实说明清军支柱绿营兵不堪一击。同时，英法联军北上的危机又迫在眼前，战局恶化，湘军将领不服调遣，清朝当局不得不再次起用曾国藩为署理两江总督。

同年六月，清廷实授曾国藩为两江总督，并命为钦差大臣督办江南军务，统辖苏、皖、赣、浙四省军务，巡抚、提镇以下悉归节制。从此，曾国藩集军、政、财权于一身，成为清军镇压太平天国的最高统帅。

李秀成攻克杭州东征西战

咸丰十一年（1861年）十一月，李秀成命主将谭绍光、郜永宽、邓光明、陈炳文、童容海等收复杭州。浙江巡抚王有龄自缢身亡。两天后，杭州内城被攻克。

十二月，李秀成乘浙江大胜的势头，从杭州兵分五路进军上海，并谆谕上海、松江军民去逆归顺；劝上海洋商各宜自爱，则两不相扰，倘若敢于助逆为恶，与太平军为敌，是自取灭亡。

同治元年初，李秀成部属慕王谭绍光、纳王郜永宽率军包围吴淞，占领高桥。一月二十六日，英水师提督何伯、卜罗德率英、法侵略军，华尔率洋枪队，凭借优势武器，进攻高桥太平军，太平军作战不利。

三月，英军上将士迪佛立率援军从天津到上海；接着，李鸿章率淮军也从安庆乘英轮抵达上海。

太平天国忠王李秀成1863年发给参加太平军的英国人呤唎去上海、宁波采办兵船的路凭。

从此，太平军屡遭惨败，处于消极防御被动挨打的地位。李秀成立即从苏州赶到前线组织反攻。太平军太仓一战，击毙清知府李庆琛，全歼敌军5000人，后又击败英法军，进逼上海，围困松江、克复青浦。五月二十一日，太平军进至法华镇、徐家汇、九里桥，但由于第二天在与李鸿章淮军大战时失利，李秀成被迫率太平军退守苏州。

同治元年（1862年）十二月，因为天京解围战失利，李秀成受到洪秀全严责，被革爵处分，奉命"进兵北行"。李秀成命令章王林绍璋等人从天京下关渡江西征。

次年初，李秀成亲自率军渡江西征，从含山、和州、巢县出发，准备攻打安徽、湖北，以解天京之围，但不久就遭到失败。年中，清军攻陷雨花台，天京危急，李秀成奉诏回京。从此，长江北岸伞部被清军占据。

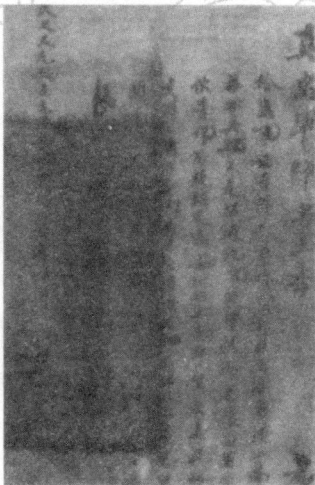

左宗棠创办兰州机器织呢局

1880年左宗棠在兰州创办的机器织呢厂

光绪四年（1878年），左宗棠任陕甘总督时筹设兰州机器织呢局，这是清政府最早经营的机器毛纺织厂。

当年七月，织呢局在兰州成立，总兵赖长主持局务，并拨官银20万两，向德国泰来洋行订购德国成套机器设备400箱，同时聘请德国技师。织呢局于光绪六年（1880年）八月开工，有厂房230余间，占地20余亩，雇用德国工匠13名。工厂颇具规模，实权操在德国人手中。因所购机器性能与当地原料不合，以致产品质量差，成本高，销路不畅。光绪九年（1883年），因锅炉破裂停工。后改为洋炮局。

光绪三十四年（1908年），清政府聘用比利时人为工程师，改称兰州织呢厂，但经营仍无起色，遂于宣统二年（1910年）改为招商经营，民国初年关厂停业。

袁世凯小站练兵

光绪二十年（1894年）十月，清政府派胡燏棻在离天津70里的新农镇——小站训练"定武军"，共10营4750人。

甲午战争中，清军的腐败无能完全暴露出来。战争结束后，清政府决意改革兵制，仿照西方编练新式陆军。

光绪二十一年（1895年）十月，袁世凯接替编练新军。袁世凯将定武军由5000人扩编到7300人，改称"新建陆军"。该军沿用淮军营务处、营、队、哨、棚等名称，编制采用德国近代陆军制度，分步、马、炮、工、辎各兵种，全部使用购自外国的新式武器，延聘德国军官督练洋操阵法。各级军官大多由军事学堂毕业者充任，新兵征募有年龄体格及文化程度的规定，并设有步兵、炮兵、工程兵各学堂。"新建陆军"是中国新式陆军的肇始，此后逐渐扩充为六镇（相当于师），形成北洋军的基本力量。袁世凯由此掌握了兵权。

袁世凯镇压义和团

袁世凯任山东巡抚后，就准备以镇压山东人民的反洋教斗争，来报答外国使团对他的赏识。

光绪二十五年（1899年）十一月二十八日，肥城县大刀会群众杀死了路过当地的英国牧师卜克斯。袁世凯故意夸大案情，判处两人死刑，一人终身监禁，两人有期徒刑，并将肥城知县撤职。他还向当地人民勒索白银9000两和5亩空地给教会，罚出事地点群众白银500两，为卜克斯立碑。

袁世凯像

光绪二十六年（1900年）三月，袁世凯奏请清廷允许他扩充新军马炮步队20营，增立一军，称武卫右军先锋队，后又招募马步8营。扩军之后，他开始对山东各地的义和团进行血腥屠杀，各县义和团都遭到袁世凯毁灭性的打击。到四五月间，王玉振、王立东、孙文、徐福、孙洛泉等义和团首领先后牺牲，义和团十余部都被袁军扑灭。残存的义和团只能忽聚忽散潜伏活动，或转入直隶。

由于袁世凯的屠杀，使本来仇教打教的义和团又开始仇视官府，民间流传歌谣"杀了袁鼋蛋，我们好吃饭"。袁世凯为防人刺杀，寝食不安，以致"于卧室外密护铁网"。

袁世凯威迫国会选举其为大总统

1913 年 10 月 6 日，国会召开总统选举会，王家襄为主席。袁世凯命令京师警察厅和拱卫军联合派出军警"保卫"国会。此外，便衣军警千余人，自称"公民团"，将国会团团围住，所有入场的人准进不准出。

根据《总统选举法》规定：候选人必须获得四分之三的绝对多数票才能当选。第一轮投票，袁世凯得 472 票，尚缺 99 票，又进行第二轮投票，结果袁世凯得 497 票，离当选仍差 63 票。时已过午，议员要求回家吃饭，"公民团"把住前后门，并大声叫喊："今天不选出

中华民国第一届国会举行开幕典礼

我们中意的大总统，就休想出院！"议员见公民团虽外穿便衣，但军裤、皮靴和短枪赫然可见，知形势严重，遂在第三轮就袁世凯和黎元洪二人决选时，袁以 507 票当选。"公民团"完成任务，"始高呼大总统万岁，振旅而返"。这时已是晚上 9 时。议员们饥肠辘辘，仓皇归去。第二天，国会选举副总统。黎元洪以 610 票当选。袁世凯当选后，上海、天津等地报纸对选举情况表示不满，国务院即通电各省说："此次选举并无军警干涉情事，倘敢捏造蜚言，严惩不贷。"

10 月 10 日，袁世凯正式就任大总统。

冯玉祥发动政变·孙中山北上

1924 年 10 门，第二次直奉战争爆发后，直系将领冯玉祥率部进驻古北口，担任左翼作战军第三军总司令。冯与直系援军第二路司令胡景翼、京畿警备副司令孙岳秘密策划倒戈反直。

21 日，冯玉祥命鹿钟麟率部以昼夜200 里的速度驰赴北京。

鹿钟麟入城后，把北京全城控制在手中。6 时许，他请孙岳派人将总统府卫队缴械，并囚禁了曹锟。整个政变过程，没有费一枪一弹，没有惊扰一个北京市民。

带兵进宫的北京警备司令鹿钟麟

同日，冯玉祥、胡景翼、孙岳联名通电主和，同时要求曹锟下令停战，免去吴佩孚本兼各职。10 月 24 日，冯玉祥召集胡景翼、孙岳、黄郛、王承斌等举行会议，一致决定立即电请孙中山北上主持国家大计，并商定先请段祺瑞入京维持局面；在孙、段入京前由黄郛组织内阁，处理政府事宜。会议还决定将冯、胡、孙所部定名为中华民国国民军，暂编三个军，推冯玉祥为总司令兼第一军军长，胡景翼为副司令兼第二军军长，孙岳为副司令兼第三军军长。会后，冯等联名电请段祺瑞任国民军大元帅，并联合奉系军阀张作霖，推举段祺瑞为北京临时政府执政。10 月25 日发出通电，请孙中山北上，共商国是。

11 月 10 日，孙中山发表《时局宣言》并决定北上。孙在《时局宣言》中

提出"召集国民会议，以谋中国之统一与建设"。11月13日，孙中山偕宋庆龄等乘永丰舰离广东北上。14日抵香港，17日抵上海。21日，孙离上海。23日，抵日本长崎，日本记者、政学各界及中国留学生约300人登船欢迎。孙中山答记者说："中国革命的目的和俄国相同，俄国革命的目的也是和中国相同，中国同俄国革命，都是走一条路。"30日，孙中山离开神户赴天津。

在"北京政变"期间，冯玉祥部在滦平召开军事会议时合影

溥仪被逐出宫时，养心殿后殿（溥仪寝宫）的原状。

毛泽东领导秋收起义

1927 年 8 月 7 日，中共中央在汉口召开紧急会议，纠正和结束了陈独秀右倾投降主义路线，并决定在湘、鄂、赣、粤四省趁秋收时节发动农民暴动。毛泽东以中央特派员的身分到湖南领导湘赣边界秋收起义。

9 月初，毛泽东在安源张家湾召开军事会议，将参加起义的武装编为工农革命军第一军第一师，卢德铭为总指挥，余洒度为师长，下辖 3 个团，起义总兵力达 8000 人。

9 月 9 日，湘赣边界秋收起义爆发。起义部队分 3 路向长沙进攻。第一、第四两团从修水出发，向平江进军，经长寿街时，由于第四团叛变，第一团腹背受敌，损失较大，被迫撤出战斗，向浏阳方向转移。10 日，第二团在安

参加秋收起义的部分人员于 1937 年在延安合影。左起，前排：赖传珠、张宗逊、张开楚、赖毅、谭冠三；后排：杨立三、陈伯钧、毛泽东、龙开富、周昆、谭希村、罗荣桓、谭政、刘型、杨梅兰、胡友才，以及参加过井冈山斗争的毛泽东的夫人贺子珍。

袁文才（1898～1930 年），江西宁冈人。秋收起义部队到井冈山后，接受改编，任工农革命军第 1 师第 2 团团长兼第 1 营营长

1927年9月29日，起义部队约1000人到达江西永新县三湾村，前委决定进行改编，由一个师缩编为一个团，在部队中建立了中共各级组织，把支部建在连上。图为部队在三湾进行改编的地方。

源起义，攻占醴陵、浏阳县城。11日，第三团在毛泽东领导下于铜鼓起义，占领白沙镇和东门市。鉴于3路进攻部队均受挫，毛泽东命令各团向浏阳县城东南之文家市集中。

19日，工农革命军3个团的余部陆续到达文家市集中。当晚，中共前委召开会议，同意毛泽东提出的放弃攻打长沙，沿罗霄山脉南移，寻求立足点的计划。

蒋介石宣布北伐胜利

1928年7月6日，蒋介石率北伐军各路总司令、各路总指挥在西山为北伐成功祭告孙中山之灵。

上午8时20分，祭典开始，由蒋介石主祭，冯玉祥、阎锡山、李宗仁襄祭；与祭的还有北平政治分会与工商学界代表共数百人。

蒋介石依靠其掌握的军事实力，于1928年1月东山再起。通过国民党二届四中全会，蒋介石出任中央政治会议主席、军事委员会主席。谭延闿为国民政府主席。蒋介石虽然掌握了中央政权，但还没有力量控制地方，不得不于广州、武汉、开封、太原设立四个政治分会，分别由李济深、李宗仁、冯玉祥、阎锡山担任主席，表示承认地方实力派的地位。

当南方政局陷入混乱之际，盘踞北方的张作霖及孙传芳乘机反攻，对国民党实力派构成严重威胁。因此，南京国民政府决定继续北伐。蒋介石担任

1928年7月6日，蒋介石率各集团军总司令在西山为北伐成功祭告孙中山之灵，前左，冯玉祥；中，蒋介石；右，李宗仁。

1928年2月2日，国民党二届四次会议中央执行委员会在南京举行，蒋介石复职。

国民革命军总司令兼第一集团军总司令。第二、三、四集团军总司令分别由冯玉祥、阎锡山、李宗仁担任。1928年4月，北伐军沿津浦、京汉两铁路向北推进。张作霖的安国军节节败退。5月3日，北伐军攻入济南，日本军队悍然进行武装干涉，制造惨案。北伐军绕道北进，6月初逼近京津，张作霖见大势已去，便退回关外，北伐军进入北京。张作霖于撤退途中被日军炸死。其子张学良继任"东北保安司令"。经过半年的谈判，张学良于12月29日通电服从南京国民政府，改易旗帜。至此，中国南北实现了形式上的统一。

毛泽东发表《论持久战》

1938年5月26日，毛泽东在延安抗日战争研究会上作了《论持久战》的讲演。

他全面考察了抗日战争的发生和发展，指出：中日战争不是任何别的战争，在这场战争中，中日双方存在着互相矛盾的四个基本特点：第一，日本

1938年5月，毛泽东发表《抗日游击战争的战略问题》和《论持久战》。图为毛泽东在延安窑洞撰写文章。

台儿庄大战中，中国军队发起攻击

是个帝国主义强国，中国是个半殖民地半封建弱国；第二，日本的侵略战争是退步的、野蛮的，中国的反侵略战争是进步的、正义的；第三，日本战争力量虽强，但它是个小国，人力、军力、财力、物力均感缺乏，经不起长期的战争；第四，日本的非正义战争在国际上是失道寡助的，中国的正义战争却是得道多助的。第一个特点决定了日本的进攻能在中国横行一时，中国不能速胜，抗战要走一段艰难的历程。后三个特点决定了中国不会亡国，经过长期抗战，最终一定胜利。

《论持久战》预见到抗日战争将经过战略防御、战略相持和战略反攻三个阶段。在双方力量对比上，中国必将由劣势到平衡再到优势，而日本则必将从优势到平衡再到劣势。《论持久战》强调"兵民是胜利之本"、"战争的伟力之最深厚的根源，存在于民众之中"，抗战胜利的关键在于实行人民战争。

毛泽东飞抵重庆进行和平谈判

　　抗战胜利后，饱受战争苦难的中国各阶层人民迫切需要国内和平，休养生息，强烈反对内战。国际进步舆论也认为中国应该走和平发展的道路。在国内外舆论的压力下，蒋介石于1945年8月电邀毛泽东到重庆进行和平谈判，会谈的中心是政权和军队问题。

　　8月23日，中共中央举行政治局扩大会议，讨论同国民党谈判问题。蒋介石连续三次电邀毛泽东赴重庆谈判。同时斯大林也致电中共中央，说中国应该走和平发展的道路，要毛泽东赴重庆同蒋介石谈判。会议根据国内外政治形势，决定同国民党进行谈判。这次会议还决定朱德继续兼任中共中央海外工作委员会主任，周恩来兼任副主任。

　　8月28日，毛泽东、周恩来、王若飞乘27日国民党派来的专机，在赫尔利、张治中陪同下，于下午3点45分飞抵重庆。前一天，美国驻华大使赫尔利、国民政府军事委员会政治部部长张治中，由重庆飞抵延安，迎接毛泽东到重庆进行和平谈判。到机场欢迎的有蒋介石的代表周至柔，参政会秘书长邵力子、副

1945年8月28日，毛泽东在周恩来、王若飞的陪同下乘飞机抵达重庆，与国民党政府举行谈判。图为毛泽东在谈判期间与蒋介石合影。

张治中和美国大使赫尔利于 1945 年 8 月 27 日乘专机到延安。这是毛泽东（前左）到机场迎接赫尔利（中）、张治中（后右二）赴延安城。

秘书长雷震，及各界著名人士张澜、沈均儒、章伯钧、黄炎培、郭沫若等。当晚 8 时，蒋介石设宴为毛泽东等洗尘。美国大使赫尔利、驻华美军总司令魏德迈和张群、王世杰、邵力子、陈诚、张治中、蒋经国等作陪。28 日、29 日，毛泽东下榻于蒋介石官邸林园。

9 月，毛泽东、周恩来、王若飞等在重庆与国民党当局和中外人士频繁接触。9 月 6 日，毛泽东以 1936 年 2 月的旧作《沁园春·雪》赠柳亚子。词发表后，重庆各界为之震惊，随后上海、北京等地也有所闻。各报纷纷转载，并称此词有"帝王气象"。尤对"数风流人物，还看今朝"一句争议极大。有人称，此句说明毛泽东想做皇帝。随后，国民党内文人纷纷发起作诗运动，并要求选拔力作压倒毛泽东。至月底，报端出现近 40 首诗词，均平庸之作。有人著文评价说，观今日毛氏之词，知国民政府大势去矣！